地势坤，君子以厚德载物。

知道点中国哲学

汪淼——著

中国友谊出版公司

图书在版编目（CIP）数据

知道点中国哲学 / 汪森著. -- 北京：中国友谊出版公司，2021.6
ISBN 978-7-5057-5167-5

Ⅰ. ①知… Ⅱ. ①汪… Ⅲ. ①哲学史－中国 Ⅳ. ①B2

中国版本图书馆CIP数据核字（2021）第044085号

书名 知道点中国哲学
作者 汪　森
出版 中国友谊出版公司
发行 中国友谊出版公司
经销 新华书店
印刷 河北鹏润印刷有限公司
规格 880×1230毫米　32开
10.25印张　246千字
版次 2021年8月第1版
印次 2021年8月第1次印刷
书号 ISBN 978-7-5057-5167-5
定价 45.00元
地址 北京市朝阳区西坝河南里17号楼
邮编 100028
电话 （010）64678009

序

余秋雨

这套“知道点”丛书，邀我写序。我对丛书的名称有点好奇，一问，明白了他们的意思，就决定写了。

原来，这套丛书里每一本的标题，都以“知道点”开头，如《知道点中国历史》《知道点中国文化》《知道点世界文化》……落脚点都显得宏大，而着眼点却很谦虚，显出青年作者的俏皮。中外文化是万仞群峰，我们不应该畏其高峻而仓皇躲开，更不应该看了两眼就自以为已经了如指掌。我们所能做的是，恭敬地在山脚下仰视，勤快地在山道口打听，简单说来，也就是：知道点。

首先，不知道是可惜的。区区五尺之躯，不以文化群峰作为背景，只是一种无觉无明、平庸卑琐的生理存在。人凭文化与外界进行不同层次的沟通，并通过文化证明自己是谁，对此，即使文化程度不高的人也有一种荣辱感。记得有一次中央电视台举办全国直播的青年艺术人才大奖赛，比赛中有一项文史知识测试。结果出乎意料，几亿观众对这一部分的关注远远超过比赛的主体项目，全国各省观众对于自己省派出的选手在艺术技能上的落败并不在乎，却无法容忍他们居然答不出那些文史知识的试题。由此可知，直到今天，很多人还是习惯于在文化上寻求自身尊严和群体尊严的，这很不错。

但是，紧接下来的问题是，又必须提防人们对于文史知识的沉溺。沉溺，看似深入，实则是一种以文化名义制造的灭顶之灾。中国从明清之后一直有一批名人以引诱别人沉溺来谋生，很不道德。因此，必须在文化的群峰间标画一些简明的线路，在历史的大海中铺设一些浮标的缆索，使人们既领略山水之胜又不至于沉溺。这种做法用一种通俗用语来表述，就是不必知道得太多、太杂、太碎、太滥，只需“知道点”。

“知道点”，不是降低标准，而是提高标准。这就像线路的设定者一定比一般的逛山者更懂得山，缆索铺设者也一定比一般的游水者更熟识海。不仅更懂、更熟识，而且也更有人道精神，更有文化责任。

正是在这个意义上，我觉得这套“知道点”丛书是一项有价值的事业。新世纪的公民不可能全然舍弃人类以前创造的文化历史背景，却又不能让以前的创造来阻断今天的创造，因此应该有更多的山路划定者和缆索铺设者。只有这样，壮丽的历史文化才能真正成为新世纪的财产。

目 录

第一辑　夏商周时期：智慧的降临

第二辑　春秋战国时期：巨人林立，百家争鸣

第三辑　秦汉时期：思想的角斗场

第四辑　魏晋南北朝时期：风流世纪

第五辑　隋唐时期：唯物唯心两相长

第六辑　宋元明清时期：理学的天下

第七辑　近代：碰撞、转型

第一辑

夏商周时期：智慧的降临

盘古开天辟地

盘古开天辟地的故事流传久远，就像西方的“上帝造物”说一样，中国古代人对万物的产生也有自己的理解。《三五历纪》由三国时期吴国人徐整编著，书中对开天辟地的传说就有这样一段文字记载：“天地混沌如鸡子，盘古生其中。万八千岁，天地开辟，阳清为天，阴浊为地。盘古在其中，一日九变，神于天，圣于地。天日高一丈，地日厚一丈，盘古日长一丈。如此万八千岁，天数极高，地数极深，盘古极长，后乃有三皇。”

由此来看，古人在无法解释自己生存环境时便创造了盘古的形象，以身边易见的蛋来诠释天地最原始的状态，蛋不可自破，于是有了盘古开天辟地，有立而有破便是古人最初的哲学思想。

经过18000年，盘古促使蛋破，清气上升成了天，浊气下降凝结成地。盘古的形象除推举天地之外，自然要有更大的作用，于是盘古踩地托天，一天九变，比天地更加神通广大。九，在中国古人的思想中是一个代表“圆满”的数字，也是最大的数字，足见盘古神通。最后，天一日长高一丈，地一日加厚一丈，盘古也随天地变化。这便是“盘古开天地”的传说，可见古代人不仅想象丰富，也已经具备了初步的哲学逻辑思想。

但是，人们毕竟没有见到天地之间的盘古，那他去了哪里？于是有了盘古化日月星辰、天地万物的说法。南北朝时期的故事中，盘古的头颅化为山岳，双眼化为日月，血脂化为江海，毛发化为草木。秦汉年间，说法更为具体，认为盘古的头化为东岳，腹化为中岳，左臂化为南岳，右臂化为北岳，脚则化为西岳，眼泪化为江河，气息化为风，声音化为雷，瞳孔化为闪电……给伟大的盘古又赋予了一种自我牺牲精神。

▲ 盘古开天辟地塑像

除中原地区的汉民族一代代流传、修改着盘古的故事外，在少数民族中盘古的故事同样源远流长。瑶族的《盘古王开天地》中创世说是这样的：

很久以前天地不分，世界处于一片混沌之中，没有日月星辰，没有黑白昼夜，也没有生命。有那么一天，一朵五彩云生下了盘古圣皇，盘古在混沌之中很是憋闷，于是拿着斧头凿开天地，创造了阴阳和人。最后，盘古很累很累便倒下了，他死后，左眼化作太阳，右眼化作月亮，四肢五体化作大地的四极和五方的名山，血液化作江河，筋脉化作大道，肌肉化为田土，头发和胡须化作天上的星星，皮肤和汗毛化作花草树木……

除瑶族外，其他很多少数民族也有类似的神话传说。古代人在无法解释自己所见的一切时，都会创造一个近乎合理的想象来诠释。古代人的这种智慧可以说是哲学意识的萌芽。

美女生太阳，太阳生万物

羲和国地处东南海外，羲和是一个异常美丽的姑娘。太阳每天东升西落，经过一天的污染后落入甘渊中，羲和便会来这里给太阳洗澡。经过羲和的洗涤，那被污染了的太阳，在第二天升起的时候又干干净净、火红火红。

这是《山海经》中关于太阳的神话传说，除羲和浴日之外，还有另一个版本。说羲和是传说中上古帝王帝俊的妻子，太阳便是她生的，一共生了10个，这10个太阳轮流在空中执勤，给人们带来温暖。太阳们住在一个特别荒凉偏僻的地方，这地方的山上有棵扶桑树，高300里，叶子像芥子一般大小。太阳们经过一天的工作后就在树下的汤谷里洗澡，然后藏在树枝上擦摩身子。就这样轮流值班，最上边的一个骑着鸟儿巡游天空，然后下边的往上爬，等待出发。

▲ 屈原祠天问坛塑像

太阳的神话传说一代代流传着，也经过一代又一代文人的改编，出现了很多不同的版本，在屈原的《天问》中也有关于太阳神话的句子，光怪陆离，引人深思。

圆圆的天叠了九层，是谁做过量度？

这么浩大的工程，谁能完成营造的任务？

天的转轴安在哪里？边缘又放在何处？

地上的八根擎天柱支在哪儿？为何东南低落？

说天分成九块，它的边界怎样划分，又怎样连属？

天的角落弯曲处那么多，谁能数得清楚？

天地在何处会合？为什么岁时日月多以十二划分？

太阳和月亮依托在哪儿？星宿怎样列陈？

太阳从汤谷升起，到蒙汜就寝，从天亮到夜晚，一共要走几多路程？

月亮有何德何能，每月都死而复生？

为了什么需要，它把一只白兔怀在腹中？

古人的崇拜

古人原始的崇拜表现为对自然的崇拜和对鬼神的崇拜。

自然崇拜缘于人们对大自然的不了解和依赖感，无法解释眼前看到的一切时便会用一种想象来诠释自己的不解，把它们奉为神灵，所以自然崇拜表现为对天上、地下各种自然对象的神化，后期的宗教就由这种崇拜发展而来。

古人对自然的崇拜都是与人类生产和生活直接相关的自然物和自然力，它所包含的范围极为广泛，从日月星辰到风雨雷电，由河海山川到水火，还包括各种动植物类、男女生殖器等。人们无法用已有的社会经验来解释时，就将自然物人格化和社会化，所以人们相信天帝和天命。在层层追加的创作想象中，还建立了一套以天帝为中心的天神体系。

古人在人死后会用陪葬、祭祀的方式告慰先灵，也会祈求祖先保佑自己。因此，在古人长久的想象中，祖先不仅有灵魂，还可以行使神的职能与后代交流，更可以与自然神灵相通。

鬼神崇拜的内在原因除对未知现象的不了解外，更重要的是对祖先的崇拜与思念。现代人懂得人死不可复生，但是因为思念，去世的亲人常常会出现在自己的梦中，人们不能解释这种现象，就用人死后还有灵魂存在的说法来解释。人们相信地上所发生的一切事情及其结果，都是鬼神意志的体现，并且相信通过虔诚的方式祭拜和取悦神灵，神灵就会保佑自己、满足自己的要求。

对鬼神的崇拜，除对自己的先祖外，对生活中自己不可企及的原始部落、部落联盟和氏族共同体内的领袖、英雄、圣贤等也会充满崇拜感，还会用祭祀的方式来表达自己的崇拜。渐渐地，对自然与鬼神的崇拜因未知而愈演愈烈，最原始的宗教文化便产生了，祭祀也成为最原始的宗教活动形式。

“巫”字最早出现于殷商卜辞中，该字构形，有学者认为是两玉相交；这就像事神仪式所用。殷商时期，从统治阶级到平民百姓都兴起了祭祀神灵之风，为了和神灵沟通，还出现了专营此业的巫祝。此时，巫、祝、医、卜这四种职业成了宗教活动的中心，受到人们的重视，现代道教庙里的“庙祝”就来源于当时的职业名称。

周灭殷商后，崇拜之风未减反增，此时人们将祭祀神灵和先灵的方式统一起来，“敬天尊祖”成为国家风尚，国家还专设了官员

▲ 医巫闾山

进行管理，《周礼》上说："大宗伯之职，掌建邦之天神、人鬼、地祇之礼。"周朝从上到下形成了天神、地祇、人鬼、神鬼的一套规范系统。

天神，由上帝、青黄赤白黑五帝及日、月、星、斗、风、云、雨、雷、电诸神组成，在天上管诸事，俯察人间。刘邦建汉朝初年，很注意保持传统的祭祀礼仪，他曾经下诏书说："吾甚重祠而敬祭，今上帝之祭及山川诸神当祠者，各以其时礼祠之如故。"

地祇，由社稷、山川、五岳、四渎之神组成，在人间知人间事，上奉天庭，下事百姓；人鬼，由各姓氏的祖先及本民族崇拜的圣贤、忠烈之士组成，他们死后，人们仍记得他们生前的威名。汉武帝时期，对鬼神特别敬重，命人在长安东南郊外修建了太一祠，将三山五岳四水的神灵都供奉其中。

我国本土宗教——道教的神灵大多来源于古人的崇拜，像玉皇大帝、雷声普化天尊、土地神、五岳大帝、四海龙王，包括中国民间熟识的门神、灶王爷等，都是由古代神灵转化为道教神祇的。

八卦的魅力

圣人孔子本着“述而不作，信而好古”的原则，整理而传授了六部先秦古籍，而《诗》《书》《礼》《易》《春秋》这五部古籍流传至今，内涵的解读也日趋丰富。其中，《易》以它独特的魅力吸引着很多人从事研究，我们所说的“八卦”源于伏羲，后经《易》发展。

儒家学者认为，最初的卦出自伏羲，他画出了八卦的雏形卦象。周文王重卦，也就是说将原有的八卦卦象两两相叠，推衍出 64 卦。不过，此时的卦都只有卦象，没有解释，直到周武王的弟弟周公出现，才为卦作了爻辞，八卦的一卦有六爻，对 64 卦的 384 爻之每一爻都作了解释辞。

德国著名哲学家黑格尔在讲到我国《易经》思想时曾说：“中国也曾注意到抽象的思想和纯粹的范畴。古代的《易经》是这类思想的基础。《易经》包含着中国人的智慧。”

在众多《易》中，对我们影响最深的就是《周易》，它是儒家的重要经典。《易》分为两部分：一部分为《经》，记录了 64 卦的卦象和周人卜筮的部分卦辞和爻辞；另一部分是《传》，记载后人对卦爻辞的各种解释和理论上的发挥。

《易经》中有关八卦的思想反映了古人高超的抽象思维能力。最原始的卦由三爻组成，表示出了天、地、人三者的关系；后经发展的八卦又加入了其他的自然物，形成了八种卦象，即天、地、雷、风、水、火、山、泽；之后，八卦每两卦上下重叠，排成 64 卦，叫作重卦。每一种卦都由三个重要因素组成——象、数、辞，自古以来，人们就是利用象、数、辞来推测吉凶祸福的。

哲学家周公

周公是中国古代哲学家，也是西周初期有名的政治家和思想家，被称为奴隶社会的大圣人。周公的观点是后期儒家学说的主干，是我国传统文化的重要组成部分。因此，周公也被认为是儒家传统思想的始祖。

周公出生于今陕西岐山北的周地，本姓姬，名旦，是周朝创立者武王姬发的弟弟，按古代取名习惯又称他为叔旦，但因他出生于周地，所以世人还是习惯称他为周公。

周武王灭殷建国，令商纣王的儿子武庚统御殷商遗民，又从殷商故土中分出卫、鄘，分别封赐纣王的弟弟管叔和蔡叔作为牵制（一说封霍叔于邶，与管叔、蔡叔合称“三监”）。两年后，周武王离世，他的儿子成王姬诵继位，周公辅助摄政。但是，殷管叔、蔡叔和霍叔对此很不满，于是鼓动武庚叛周。周公领军应战，击败了管叔、蔡叔和霍叔，处死武庚，于洛邑建东都，分封宋、卫、鲁、齐、燕等 71 个小国，周朝势力迅速扩张，可以说周公是周朝的实际创立者。

▲ 周公画像

对于周成王，周公也是用心教导，精心谋划治国之策，制定了一系列典章制度，重视农业和手工业的发展，并在中原和沿海地区进行贸易活动，使商业走向发达。成王执政后，国家安定、按部就班地运转，周公功不可没。

周公在自己的封地度过了晚年生活，但是临终前，他还是嘱咐身边人说："我这一生都不敢离开成王，我死后，一定要把我埋葬在成周地方。"

春秋时期，孔子非常推崇周公，孔子反复说："如有周公之才之美，使骄且吝，其余不足观也已。"他称周公为古代最伟大的圣人，甚至在晚年还感叹："甚矣吾衰也！久矣吾不复梦见周公！"

▲ 周公庙

兵学鼻祖——姜子牙

兵学所研究的大多为用兵之道，从用兵之道上后世人参悟出先人的哲学智慧，兵家的书籍对后世社会的发展起到了积极的推进作用。

姜子牙可以说是兵学的鼻祖，他本姓姜，名吕尚，当年他的祖先是辅佐禹治水的功臣。禹感念他的忠心，以吕作为封地相赠，久而久之，姜姓也就改为吕了。吕尚在周朝初年的时候做过太师，人们尊称他为“师尚父”，他便因此得名为“吕尚”。后世人管他叫姜子牙，是受到了一些演义小说的影响，如《封神演义》中大家都称吕尚为姜子牙。

提到姜子牙，很少有他年少时的故事，人们对他的印象大多是一把胡须，头发花白的老人。其实，姜子牙年少时并不得志，他的家庭也非常穷困，唯一的乐趣就是去渭水之滨垂钓。

有一天，周文王与众将出门打猎，有人占卜了一卦，得：“捕获的不是龙也不是螭，不是虎也不是熊，而是独霸天下的辅臣。”周文王得了此卦，高高兴兴地出门打猎了，他心中一直惦念着这件事。这天，他果然在渭水边上遇到了正在垂钓的姜子牙。周文王赶上前去，与姜子牙谈论许久。周文王越听越高兴，他说：“我的祖先曾经预言过：‘将来会有圣人到达周邦，帮助周国振兴。’看来这位圣人就是您呀，我真的盼您很久了。”

姜子牙跟周王回宫后，周王立刻封他为国师，还亲赐封号“太公望”。

▲ 姜子牙画像

姜子牙到周朝不久，商纣王在奸臣的挑唆下，开始怀疑周文王图谋商之天下。纣王立刻下令将周文王拘捕在都城的监狱里。姜子牙、散宜生广求天下美女和奇玩珍宝，用这些赎回了周文王。

周文王归国后，在姜子牙的劝说下，开始计划倾覆商朝政权。姜子牙献出众多兵家谋略和奇思妙想。因此，姜子牙成为后人言及兵家权谋时的代表。久而久之，便形成了一种派别，名为兵家，姜子牙也就成为兵家之祖。

文王离世，周武王即位。九年后，国家开始缓慢进入正轨，为了监督诸侯是否会集结东讨商国，在军队出行时，国师吕尚左手拿着黄钺，右手拿着白旄宣誓说："各位诸侯，长途跋涉来到这里，我将带领大家去看看你们自己的军队和你们的舟船，齐来汇集，逾期不到，将兴师问罪。"

姜子牙率领军队到达孟津时，此处会集的诸侯竟然有800之多。足以看出，姜子牙在当时周国的威望是极高的。当时，各诸侯国都还是很小的一块，而商朝的属国有1800多个，之后中国经历了漫长的变迁，春秋五霸和战国七雄成了比较大的诸侯国。

两年后，荒淫无道的商纣王不知什么原因杀了亚父比干，囚禁了箕子。周武王与周文王一样喜欢占卜，出兵之前，周武王卜了一卦，结果是凶。在周武王下令前行时，又遇到了暴风，大臣们对此十分恐慌，劝周武王不要出兵。

姜子牙认为那些占卜用的龟甲和蓍草根本不能象征吉凶，还是应该早早出兵的好。在牧野向军队训话之后，周国开始攻打商。在这场战争中，姜子牙的战略战术十分有效，指挥也毫无纰漏，率领联军取得了胜利。

联军能够获胜的根本原因，是姜子牙在战略上把握住了时机。他选择商军主力远征东夷的时候，致使纣王在国都朝歌孤立无援、众叛亲离，周军甲兵45000人，加上其他诸侯国军队，可谓兵强马壮，此时出兵定可大获全胜。在战术运用方面，姜子牙选择以攻心为上，让出身奴隶的人打前阵，亲自率领百名精锐冲击商军阵脚，武王率主力跟进围歼。这时，商军中的奴隶兵就有了倒戈的心思，再加上之后的周军速度很快，商军马上就节节败退了。

周朝建国之后，将齐地封给了姜子牙，都城是营丘。姜子牙回自己封地的时候，走得很慢，而且从不赶夜路。有人偷偷告诉他："你知道时机难得而易于失去吗？你作为一个客人，安于路边旅店中的享乐，这个样子哪里像去封地上任的？"

姜子牙听了，觉得有道理，开始连夜赶路。到了营丘时，发现莱国的人已经在悄悄与他争夺此地了。姜子牙极快地稳定了齐国的政局，开始对其进行改革。

他大力发展商业，齐地百姓都可以享受鱼盐之利，减少了周朝的很多烦琐礼制，与齐地的风俗结合，吸引了很多人到齐地来，齐地渐渐成了当时少有的富庶诸侯国。

周成王继位，管叔、蔡叔作乱，淮河流域的少数民族也趁机造反，周成王便下令给姜子牙："往东到大海，往西到黄河，向南到穆陵，向北到无棣，无论是侯王还是伯男，如果有人不服从周朝的指挥，你便有权出兵攻打。"

姜子牙领命，带着大军东征西伐，齐国的疆域日益广阔，国力越来越强大。

阴阳五行说

在禹之前，君王一般是“禅让”的，但治水英雄大禹首先打破这一规矩，将王位传给了儿子启，这一举动引起了诸侯有扈氏的不满，起兵抗议。多次镇压没有效果后，启亲率大军征伐。战前，启对众将领说：“有扈氏威侮五行，怠弃三正。天用剿绝其命。今予惟恭行天之罚。”

启话中的“五行”就是我们所熟知的金、木、水、火、土五种元素，“三正”指的是正德、利用、厚生三政事。这便是五行的早期形象。到了战国时期，五行“相生相胜”的哲学成分才慢慢发展起来。

五行说认为金、木、水、火、土是构成宇宙的元素，也是最基本的元素，这五种元素相加便是相“和”，相和就是新物质产生的原因；如果同一种因素加在一起，也就是“同”，是不能产生新物质的。由此推论，五种元素相互杂和，便可以形成万物。在这五种元素中，东方属木，南方属火，西方属金，北方属水，那么占据中央位置的就是土，这与当时重视农业的思想是相符的。

“阴阳五行”中的“阴阳”是一种对自然状态的描述，或者说阴阳是古人对世界的一种看法。当年，古人观天象而知万事，周人用两种不同性质的阳气和阴气来解释四季的变化和万物的繁茂与凋衰。古人也就是通过观察天文气象、时节变化后才萌生了阴阳的说法。

古人认为，冬去春来的时候，气就会从地下向上蒸发，这样万物才可以发芽、出苗、生长；相反，如果春到得晚，沉滞一冬的气不能蒸发，便会对农作物的生长造成严重影响。这个沉滞于地下的气便是阴气，而向上蒸发的气便是阳气。阴阳二气若是相互协调，配合有序，流转正常，那么一年四季就会风调雨顺；若配合不当，难以协调，则会发生灾难。

当年，周幽王时的伯阳父，在解释为什么会产生地震这个现象时，就以阴阳失调、二气流转不顺来解释。因为秩序乱了，二气找不到自己原本的位置，便会震动起来，这就是我们所知道的地震。

老子的《道德经》对阴阳也做过解释，说："万物负阴而抱阳，冲气以为和"，意思是说，天地万物都含有阴阳二气，背面是阴，

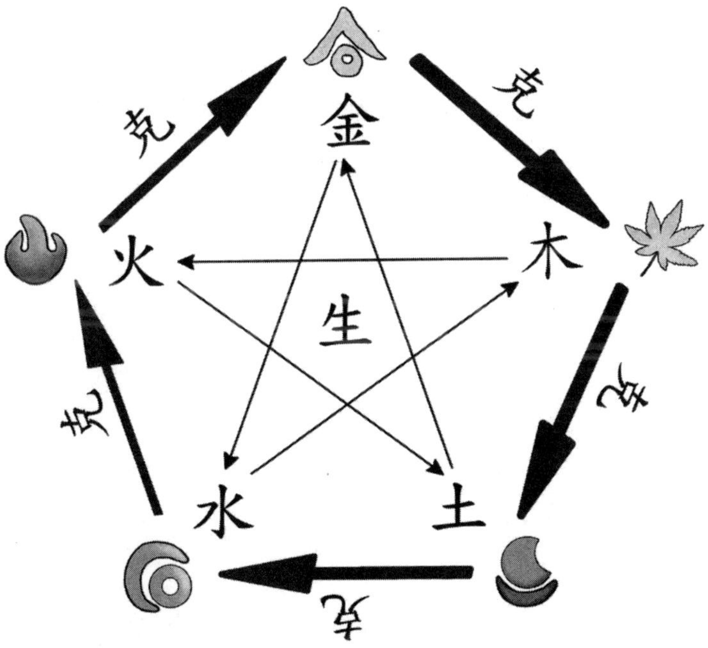

▲ 五行相生相克图

正面是阳，阴阳二气相互矛盾则产生激荡，相互调和便会产生平和。可见，阴阳本身就是矛盾的，但矛盾也是可以趋于和谐的。

《易·系辞上》中又进一步提出“一阴一阳之谓道”的学说，书中把阴阳交替看作宇宙的根本规律。古人觉得天、日、昼、暑、刚、强、前、男等可以称为“阳”，地、月、夜、寒、柔、弱、后、女等可以称为“阴”，这两种势力都是相互依存、相互依赖的，二者相和，便会引发事物变化。

“阴阳五行”是把阴阳与五行撮合在一起，这样它便显得更加神秘。战国末期的阴阳家邹衍提出了“五德终始”说，他把五行的属性称为“五德”，以此来附会王朝兴替和社会政治的嬗替。到了汉朝，汉儒们为了服务政治，将其与古代的神权理论结合在一起，兴起了大规模的造神运动，让已有的鬼神信仰又丰富了许多。

“阴阳五行”是中国传统文化的一个特色，不仅是学术界，就是百姓的日常生活也常常会考虑阴阳五行，比如至今仍存在的给婴儿起名，有些人还是要在参考五行后再做决定。

第二辑

春秋战国时期：

巨人林立，百家争鸣

百家争鸣

“百家争鸣”是指各学派各抒己见、相互辩驳，“家”并不是指狭义的小家，而是指一种学说或一个学术派别。百家争鸣发生在公元前475年至公元前221年的战国时期，是中国学术发展史上的一个重要阶段，此时中国学术高度发达，出现了种种学派学说，直到汉代初期，各种以著作形式表述自己学术观点的就有189家。

汉代史学家将“百家”分门别类，最终归为10家，分别是儒家、道家、名家、法家、墨家、阴阳家、纵横家、杂家、农家和小说家。

杂家、农家、小说家所涉及的问题大多与哲学关联甚少。其他几家大多都有哲学思想上的互相渗透，并且对后世产生了深远的影响。

儒家，是以孔子的思想为基础，以孟子、荀子为代表发展起来的一派学说。此派提出了“仁”“义”“礼”“智”“信”五大行为规范，君主治理国家要讲究体恤百姓，哪怕两国相争也要讲究先礼后兵，百姓之间相处要敬老爱幼，为人处世更要不争不抢，修身养性，社会生活的方方面面都贯穿着孔子的思想。

名家，又叫“名辩学派”，主要代表人物有惠施和公孙龙等，注重的是辩论技巧，著名的“白马非马”的论述就是名家的典型辩题，它探讨名称与概念之间、名称与实物之间的关系。名家的辩题看似荒唐，细思之后会发现在辩论之间就可以揭示出某种真理，那是一种哲学的思维逻辑，是有助于训练思维的，受到不少文人谋士的推崇。

法家，主要代表人物有商鞅、韩非等，是倡导以法治国的一种学说门派。人性是自私的，如果只是说服、感动，很难纠正人的思想。想要人心向善，想要管理好国家，那就要用一定的刑法来约束，这样人们才会遵从社会秩序，安分守己。法家的思想中，大到宇宙、小到人性，社会流变或者事物规律方法等都要找寻出法则，都是本学派以法治国的理论依据。

墨家，是以墨子为代表的一个学说流派，提倡人与人之间的大爱，批判战争，反对诸侯征战。在墨家学派的思想中，恪守道德的人被称为贤才，节俭、勤劳是一个人应该具有的品质。

道家，是以老子的思想为基础，以庄子、列子为代表人物发展起来的一个学派。道家与儒家不同，他们讲究一切行为都遵循“道”，“道”即自然之理。道家主张为人处世顺从时势、遵循物理、合乎自然。“庖丁解牛”的故事便是这个道理，一个真正的高手，可以将刀游弋于骨头的缝隙之间，合乎自然之理，牛便自然解开了。

道家在后世发展中，形成了很多流派分支，其中最主要的代表为易家，是借助老子宇宙学说和孔子人伦学说创建的，形成了很多版本的《易》。其中，以《周易》为代表，讲述了天地万物运转之间的关联，用阴阳变化解说世界万物的变化和发展。

10家学派中还有一家为阴阳家，主要代表人物是邹衍。虽然也是以阴阳解说事物的存在和发展变化，但是它跟易家关系不大。相对于易家，它主要是引进了“五行说”，也就是后世熟知的金、木、水、火、土，用这五行的演变来解释天地万物的构成和变化。

纵横家，是10家学派中不可以被称为学说派别的一家，它的主要代表人物有张仪、苏秦等，是当时历史条件下的必然产物。确切地说，纵横家是一个以政治游说为特点的谋士集团。

谋士们通过游说或劝说诸多弱国联合起来抗击强国，或劝说强国拉拢一些弱国以打击另一些弱国，破坏弱国间的联合。他们提供的是谋略，谋略中自然会包含哲学思想。

当然，中国的学术流派一直在形成与发展中，在10家学派之外，还有一个兵家，主要代表人物除春秋末期的孙子外，还有战国时期的吴起、孙膑等，他们的学说虽然与纵横家有相似之处，但是兵家重在用兵之道，而并非以口来游说。兵家的学说主要是指对军事和兵法的研究，他们的指导思想是哲学，也可以说兵家是哲学在军事领域的实战。

紫气东来

人人都知道紫气东来是祥瑞的象征，可是紫气东来源于何时呢？那要追溯到周朝。

唐代杜甫《秋兴八首》其五曰："西望瑶池降王母，东来紫气满函关。"相传，周大夫尹喜很喜欢天文历法，可以知古占今，他出任函谷关令，站在函谷关上，登高楼远望，看见东方雾气缭绕，缓缓西来，像一条巨龙飞腾而起，他惊叹道："这龙是紫气所生，有运到来，一定是有圣人西行度关了。"于是斋戒沐浴，等圣人到来。几个月后，老子骑青牛前来，尹喜知他为圣人，便恳请他指点。老子见尹喜气质非凡，是可造的人才，于是将《老子》传授给了尹喜。

▲ 老子画像

老子姓李，名耳，字聃，生卒年月史未详载，楚国苦县（今河南鹿邑东）厉乡曲仁里人。大圣人孔子对老子十分佩服，还向老子请教过关于礼的问题。老子曾做过周王朝的守藏室史（管理藏书的史官），晚年过着隐居的生活。

《老子》又名《道德经》，是老子的主要著作，全书共有5000多字，分上下两篇：上篇讲宇宙源起的根本，天地变化之机密，神鬼应验的秘密；下篇讲为人处世，关于人事进退之术、长生久视的说法尽在其中。这部书对中国古代的思想发展有着深远的影响和哲学意义。

到了唐朝，老子尤为受到尊重，被称为圣祖玄元皇帝，唐玄宗开元三年(715)下诏以二月十五日老子诞辰为玄元节；后唐武宗下诏，二月十五日玄元皇帝降生日为降圣节。

老子与孔子的对话

相传，孔子曾经打算去拜访老子，便对弟子南宫敬叔说："吾闻老聃博古知今，通礼乐之原，明道德之归，则吾师也。今将往矣。"

南宫敬叔听后很高兴，迅速报请鲁国国君批准。鲁国国君听后很支持他们这次行程，备好车马，还亲自安排了车夫和随从。南宫敬叔便陪孔子一起来到了老子隐居的地方。

老子见孔子千里迢迢而来，非常高兴，两人一番谈论后，更有遇到知己的感觉。老子还向孔子引荐了大夫苌弘。苌弘擅长乐理，孔子跟他学了不少乐律、乐理的知识。随后，老子与孔子一起参加了祭神的大典，观看了周朝的宗教仪式，每到一处，孔子都感叹不已。

几天后，孔子完成了自己的心愿，便向老子告别，老子一直将孔子送到了旅舍以外，对他说："我听说，有钱的人在临别时送人钱财，仁义之士则赠人言语话别。我自然不是富贵的人，没有钱物相赠，那就送您几句话吧。现在这世上，拥有智慧的人不少，很多聪明人往往会经历大磨难，甚至被人害死，那是因为他们过于贬低别人而抬高自己；一些善于辩论以言辞取胜的人，往往会招致杀身之祸，那也是因为过分自傲。作为人子，千万不要认为自己有多了不起；作为人臣，更不要过分抬高身价。希望你能记住我今天所说的话。"

孔子听后，回揖礼说："弟子一定谨记在心。"

老子这番话中的"为人子者毋以有己，为人臣者毋以有己"曾经点醒过多少自高自大的人呀！

《论语》中有这样一段故事，孔子走到黄河边的时候，见河水滔滔，浊浪翻滚，气势如万马奔腾，声音如虎啸雷鸣，便在岸边站了很久，叹道："逝者如斯夫，不舍昼夜！"黄河之水奔腾不息，人之年华流逝不止，河水不知何处去，人生不知何处归。这几句话道出了生命的本质，时光不会因为你的任何行为而停留，而人生真正的意义永远在前方。

老子听到孔子的话后，说："人生于天地之间，那就与天地合为一体。天地，是自然之物；人生，也是自然之物；人从幼、少、壮一直到老，这些变化就像春、夏、秋、冬四季的交叠一样，有什么值得你这样悲叹的？生在自然之间，死后仍归自然，顺从自然法则，本性永远不乱；不随自然变化，天天忙碌在实现仁义道德中间，那就会迷失本性。把自己的功名天天放在心上，久而久之就会有焦虑的心情产生；把钱财利益放在心上，那就会产生很多烦恼。"老子以为孔子在感叹生命短暂，他认为人生本自然，是不会随着人的意志而转移的，便质问孔子："有何悲乎？"孔子赶忙解释说："我忧心的是大道不行，仁义不施，战乱不止，国乱不治，所以才会产生人生短暂，不能有功于世，不能有为于民的感叹。"

老子听后，指着浩瀚的黄河说："你怎么不学习水的德行呢？"

孔子疑惑地问："水有什么德行啊？"

老子微笑着说："上善若水，水可润万物而从来不会争功，哪怕很多人不理解它也不会辩驳什么，这是水的谦下之德；因此，江海之所以能为百谷王者，也是因为它能润万物。天底下最柔弱的也是水，但它无论攻击哪位强者都会取胜，这就是水的柔德；所以古语说的'以柔克刚，以弱胜强'便是这个道理。水清澈无比，看似没有却真实存在，也能在有无之间变化，这便是水的不言之教、无为之益。”

孔子听后，如醍醐灌顶，大叹道：“先生的话令弟子茅塞顿开：所有人都在想着如何向上走，只有水单独向下去；所有人都喜欢在容易生存的地方，而只有水独自去冒险；所有人都觉得自己多么爱干净，只有水去洗涤污秽。所处尽人之所恶，夫谁与之争乎？这便是上善。”

老子点点头，大笑道：“汝可教也！你要记住：与世无争，那么天下就没有人能与你争，这就是效法水德。水沿路流淌，那水路就会无所不在，任何地方对水都是有利的，避高趋下，从来不会向后折返，便形成了溪流；空处湛静，深不可测，便形成了山渊；损而不竭，施不求报，便是水的仁德之处；圆必旋，方必折，塞必止，决必流，这是守信；洗涤群秽，平准高下，这是擅长管理；以载则浮，以鉴则清，以攻则坚强莫能敌，这是善于用人；不舍昼夜，盈科后进，这是善于等待时机。所以圣贤的人随时都可以向前走，贤德的人遇到事了就去处理事情；而聪明的人最擅长的便是‘无为而治’。”老子评价完水后，又继续对孔子说，“你应该先去骄气，不要在与人交往的对话举

▲《老子骑牛图》

止中，表现出想要实现自己的畅想，也要注意自己的仪表。像人没到就先听到喧闹，身体还没到就感觉到风扑面而来，这样的人太过张扬，就像老虎在大街上行走，谁敢用你呢？”

孔子见过老子回来后，其弟子纷纷向他打听：“先生有没有见到老子？”

孔子说：“见过了。”

弟子马上追问：“那老子长什么样子呢？”

孔子说：“鸟，能飞；鱼，能游；兽，能奔跑。试想一下，擅长跑的，我们可以用网捉住；会游的，可以用钓钩之类的抓上来；会飞的，拿弓箭一射便捉住了。想一想，如果是龙呢？我们怎么捉住它？龙乘风云而上九天呀！我这次见到了老子，觉得他就是一条龙，一条腾飞的龙。他的学识渊深而莫测，志趣高妙而难知；如蛇之随时屈伸，如龙之应时变化。老子，才真正能称为我的老师呀！”

老子之“道”

道生万物

《道德经》是老子的经典著作，5000余字处处展现着“道”的哲学范畴，拥有自己的哲学体系。什么是“道”？“道”的本意指道路，由“首”与“走”组成，引申为规律、法则。春秋时期，“道”由“天道”和“人道”两部分组成：天道指天象运行规律，人道指人的行为准则。老子便引用了这两种含义，解释“道”是产生宇宙万物的本原和支配宇宙万物的法则，人类社会自然也要遵从“道”。

“道”是产生世界万物的本原，万物的产生与发展都从于“道”。老子说：“道可道，非常道；名可名，非常名。无名，天地之始，有名，

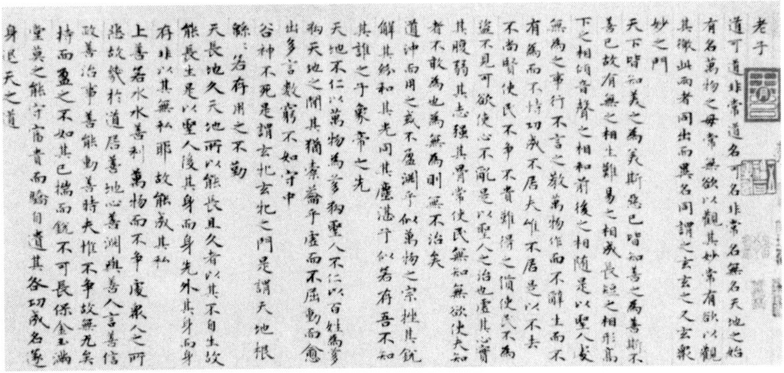

▲《道德经》（局部）

万物之母。”意思是说，道是可以说的，但是促使万物产生和发展的道是不可以言说的；万物都可以命名，但是给万物命名的道却是无法命名的。“道”是天地之根、万物之母、万物之宗，是产生天地的始基。

老子将“道”与“无”结合起来，“天下万物生于有，有生于无”。也就是说，老子认为“道”是不具有任何具体物质属性和形象的玄者。“道冲，而用之或不盈。渊兮似万物之宗……吾不知谁之子，象帝之先。”更说明了“道”是空虚无形的，但是，“道”虽无形，却可以取之不尽，用之不竭，十分深远，可以说是万物之宗。

那“道”是如何产生的呢？老子是这样解释的：“道生一，一生二，二生三，三生万物。万物负阴而抱阳，冲气以为和。”我们都知道，一前面的数字为零，也就是说，“道”其实就是“无”，无形无体，但道可以产生“一”，“一”就代表着由无而产生的万物之前的混沌，“二”就是宇宙初元分成了阴阳，“三”是除阴气、阳气外产生的冲气。“三”生出万物，则是指三气生出了天、地、人三才，三才具备，芸芸众生也便产生了。

恍惚不定的“道”生出万物，“道”无形无象却是天地万物产生的总根源，这是老子深远的哲学思想的重要体现，可见对世界根源的探究在我国古代就已经在进行了。

不出门就能认识天下

世人对诸葛亮的一句评语为：“未出茅庐已定三分天下”，人们感叹诸葛亮的智慧，常人不可及。老子在《道德经》中的“涤除玄览”更是厉害，通俗点说就是“不出门就能认识天下”，这是老子对哲学认识的集中体现；“玄览”指不用感官去感受，而用内心去体察的一种神秘之观。

老子说：“五色令人目盲，五音令人耳聋，五味令人口爽。”也就是说，人在世间追求着万物带来的满足感，但是，看多了五色会让人眼盲，听多了音律会让人耳聋，物质欲望，享受各种颜色、声音、味道等，会使人眼瞎、耳聋、口味败坏。这就把人的感官接触、认识外界事物，看成一种极大的危害。他说：“塞其兑，闭其门，终身不勤。开其兑，济其事，终身不救。”就是说，人们要堵住耳目口鼻这些感官的窍穴，关闭感官的门户，才能终身没有毛病；如果打开感官的门户，积极认识事物，将会终身不可救药。

老子认为，认识最高本体的道，不应该是模糊的，而是必须从复杂、多样的耳闻目睹的感觉经验中挣脱出来，需要站在更高处去认识，即“涤除玄览，能无疵乎”。玄览，指在心灵深处，“道”作为镜子去自鉴自察，除去污垢，那便没有瑕疵了。简单来说，人的内心是一面最深妙的镜子，要能够把这面镜子打扫得干干净净，没有一点灰尘，不染任何外物，内心足够宁静，这样世间万物也就能直接呈现在我们面前了。

老子不认同认识客观世界的具体事物，也反对用人的感官接触客观事物，致力于取消感性认识。老子觉得，想要认识事物，不能只在客观世界中找寻，特别是对“道”的认识，没有必要非得经过实践去体会，“不出户，知天下；不窥牖，见天道。其出弥远，其知弥少”。也就是说，人认识事物，可以不出门；不看窗外的景象，就可以知道天下万物产生的规律。一旦你接触的世界广泛了，你得到的知识就更少了。这便是老子所说的“圣人不行而知，不见而名，不为而成”的认识论点。

老子的这种观点，与当时的天文学十分契合，观星知天下事，静观天文，静观知其道，也就是说静观则可以观察到天道运行的规律。但是，只靠“观”是不行的，还需要内心来“玄览”，真正用内心体会，用深远的思维去考察。

柔弱胜刚强

《道德经》首句就指明了“道”的含义，因为在老子的哲学体系中，“道”的地位极高，力量无穷无尽，“道”本无形，无形则不易破，可以说它的本性是柔弱的，但它却能以柔克刚。正如流水柔弱却无法斩断，而钢极硬，却易断，运用到人生便是“柔弱胜刚强”的大智慧。

《道德经》的主要观点是支持柔弱、反对刚强的。“柔弱”则充满活力，如人活而体柔软；“刚强”则失去生机，如人死后体态僵硬。老子也以草木为例，草木充满水分欣欣向荣时，质体柔弱，充满韧性；但一旦秋来，草木枯黄失去水分，质体就会变得僵硬、脆弱。而且，老子还进一步以草木举例，小草质体弱，风吹来随风而摇，但从来不会被风吹折；但是大树却不一样，坚硬的质体无法阻挡人的砍伐，也无法抵御大风的摧折。

老子说：“强梁者不得其死”，柔胜刚、弱胜强是显而易见的现象。但很多人却无法明白其中的道理，人往往喜欢自我表现、自以为是、自我夸耀，表现得很强悍，从不示弱，殊不知示弱是一种自保，更是一种处事智慧。

在《道德经》中，我们看不到主张先出头的句子，也看不到鼓励人们“为天下先”。相反，老子教人们“处下”“不争”，他认为能处于人民之上，而人民不感到为其累，还乐于拥护他，这便是“处下”的最终效果。因为他从来不会瞪起眼来争个高下，便不会有人与他争。举个贴近生活的例子，当与人发生矛盾时，如果对方依旧笑脸相迎，或者主动示弱，便不会有争执产生，也就无所谓谁赢谁输。老子说：“不敢为天下先，故能成器长”，很显然，圣人从来不敢居天下人之前，所以才成就了千古美谈。

可以说，今天的低头是为了明天更好地抬头，哪怕今天受胯下之辱、受委屈，也是为了更好地保全自己。人想要跳得高，一定是要先屈膝，屈枉反而能伸张。看大自然，越是低洼的地带水源就越充足，反而那些高地才真的留不住水。人生就是这样，无破不立，有舍有得，正如老子所说，真正的将帅之才从来不会逞个人勇武，而真正的谋臣也从来不会被人激怒。看那些真正有学问的人，从来不会声张，也不会自夸，他们从不与人争，所以从来也不会输。

《道德经》是展现自然和社会规律的哲学，事可两面而观，如果认同老子的思想，那就可以借鉴，如果不认同，自然你会有自己的处世之道。“柔弱胜刚强”是老子的独到之处，也是深刻之处，哪怕这些哲学思想应用于今天，应用到生活、职场中也有一定的借鉴作用。

骨肉之情与自然之理

人生而有亲，便有骨肉亲情，但是如果无法看透骨肉亲情的存在与消失，一味地深陷于失去亲人的痛苦之中，也是违背自然之理的。

相传，老子出任周守藏室史以来，多次趁回家省亲之时，劝母亲随他一起去周。但是，老母亲不想离开故土，她在陈国相邑住得很舒心，人熟地熟。

就这样，一推再推，30年过去了。一天，老子接到了紧急家书，母亲病危，老子悲痛万分，急忙向周天子请假回家探望母亲。但还是去晚了，母亲已经离开人世。

老子跪在母亲坟前，面对茫茫大地上的一堆黄土，回忆母亲的慈祥容貌、养育之恩，老子悲痛欲绝，寝食俱废，席地而坐，沉思冥想……忽然，老子猛地睁开眼睛，他发觉自己很愚钝，再思再想，顺理追索，老子恍然大悟，如释重负，愁苦消解，这时才想起自己好久没有吃过东西了，也忽然觉得饿了，于是饱餐一顿，倒头大睡。

老子的家眷和侍女们看到老子先悲痛后坦然都感到很奇怪，大家好奇地问老子："究竟发生了什么？怎么突然如释重负了？"

老子说："人生于世，有情有智。有情，故人伦谐和而相温相暖；有智，故明理通达而理事不乱。情者，智之附也；智者，情之主也。以情统智，则人昏庸而事颠倒；以智统情，则人聪慧而事合度。母亲生聃，恩重如山。今母辞聃而去，聃之情难断。情难断，人之常情也。

难断而不以智统，则乱矣，故悲而不欲生。今聃端坐而沉思，忽然智来，以智统情，故情可节制而事可调理也。情得以制，事得以理，于是腹中饥而欲食，体滋倦而欲睡。”

家眷又问：“如何以智统情？”

老子说：“人之生，皆由无而至有也；由无至有，必由有而返无也。无聃之母及聃之时，无母子之情也；有聃之母及聃，始有母子之情也；母去聃留，母已无情而子独有情也；母聃皆无之时，则于情亦无也。人情未有之时与人情返无之后不亦无别乎？无别而沉溺于情，悲不欲生，不亦愚乎？故骨肉之情难断矣，人皆如此，合于情也；难断而不制，则背自然之理也。背自然之理则愚矣！聃思至此，故食欲增而睡可眠矣。”

是的，人有情也有智，当情占主要成分时，人往往会忘掉智，只宣泄于情，致使人智混乱，很多事情想不开；但是如果能及时清醒，以智统情，那很多事情便会迎刃而解了。失去骨肉亲情，自然是悲痛万分。沉溺于情中无法自拔，虽合乎于情，但是违背自然之理了；当以智统情，顺理而行，自然也就不会那么痛苦，心境也就豁达了。

无为而治

《道德经》中最重要的思想，老子典型的哲学思想便是“无为而治”。当然，“无为”并不是“碌碌无为”的意思，它是老子就治国之道提出的，主要与政治上的“有为”对立。

老子认为，“有为”的政治常常会带来祸害。“天下多忌讳，而民弥贫”“法令滋彰，盗贼多有”，天下规矩、忌讳多了，人民会越来越贫困；法令规定得越刻板，越森严，那么盗贼罪犯也就越多。换种解释方法就是，你管得越多，产生的反作用力也就越大。

同时，老子还举了赋税的例子，他说百姓之所以会贫困饥饿，就是因为统治者收了大量的赋税；百姓越来越难管，那是因为统治者制定了太多的条例限制。就像大路本来是很平坦的，统治者却喜欢走歪斜的小路，看似做了很多，其实还不如不做。

老子对“有为”的批判言辞是很激烈的，他说“有为”的统治者就像强盗头子，朝政腐败了，农田荒芜，国库空虚，但是统治者还穿着锦绣的衣服，佩带锋利的宝剑，吃着山珍海味还嫌不美，还想搜刮越来越多的财货。老子之所以会言辞如此不留情面，从客观上来讲，他展现的其实是春秋时期真实的社会现状。此时，老子的思想中，虚无的东西才是最有用的，如“道”无形却可生万物。所以，真正能消除这种社会悲哀的方法就是“无为而无不为”。

老子也解释了自己提出“无为”的依据。如车轮中间的圆洞便是“无”，如果没有这个“无”，车轮就不会转动；又如我们用的杯、碟、碗等器皿，如果没有中空，也不能将东西装进去；再如，大门如果不留有开关，人便不可进入，房屋没有空间，人也不能住。

“无为”是让统治者不要再对百姓提出更多的约束，少一点欲望，少一点行止，让百姓更加顺其自然地发展下去，这样百姓才能认同国君，国家的政治统治才能得到巩固。也可以说，只有“无”才会“空”，“空”才能容纳，才是有用的。如果人人都以无形的标准去生活，去做人，国家按照无为的标准去治理，那一切事情便不会有争执，也会很顺利。

小国寡民

老子以“无为”而治国家，对社会、国家形态也有过具体诠释，他最理想的社会、国家的存在形态便是“小国寡民”。

《道德经》中有这样一句话:“小国寡民，使民有什伯之器而不用，使民重死而不远徙。虽有舟舆，无所乘之；虽有甲兵，无所陈之。使民复结绳而用之。甘其食，美其服，安其居，乐其俗。邻国相望，鸡犬之声相闻，民至老死，不相往来。”将老子最理想的社会形态展现了出来，国家要尽量小，百姓也不可以很多，即使有了器具、车船、武器，人们也不去使用，甚至连文字也不要，人们唯一要做的，就是重视生命。老子告诉人们他不希望看到百姓随处搬迁，百姓要有吃有穿，能够安居乐俗，不要有其他非分之想。相邻的国家，虽然鸡鸣狗叫之声能传到对方的耳朵中，但是，百姓还是守着本国的规矩，并不与别国人有何关系。

为什么要“小国寡民”？因为老子认为社会太混乱，常常互相争夺，之所以会发展成这样，是因为人们欲望的过分、法令的繁多、对知识的追求和讲究虚伪的仁义道德等。同时，老子对仁义道德也进行了某些批评和揭露，他的观点是，现在要讲仁义忠孝，是因为大道废弃，六亲不和，国家混乱。那么，如果想要天下太平，就要取消知识，取消道德，取消新颖的器具和财货。

将社会发展分成五个阶段——“道”“德”“仁”“义”“礼”，这是老子的历史发展观。也就是说，“道”开启了人类社会的最初发展，一切纯粹地顺其“自然”，便是“无为”的象征。“道”以后，社会便像滚轮似的向前发展，德、仁、义、礼，一个阶段比前一个阶段离“无为”更远，当美的、善的东西少了，丑的、恶的东西就多了，这样发展下去，离老子的小国寡民的政治理想就越远。

其实，如果坐下来静思的话，不难发现，老子所追慕向往的社会，正是远古的原始社会。老子看到眼前春秋纷争，百姓民不聊生，社会动荡，统治阶级还在此基础上不断地剥削，此时的百姓最需要的就是能够安静休养、减轻剥削。

祸兮福之所倚

汉朝《淮南子》中，有这样一个故事：一位老人生活在边塞，一天，突然丢了一匹马，同村的人知道后，都赶来安慰他："你千万别发愁呀，一定要注意保重自己的身体。身体最重要。"

老人听了大家的话，十分感激大家的关心，不过，他并没有伤心，笑着说："你们看我并没有发愁呀，马虽然丢了，但也不一定是坏事，也可能是未知的好事呢！"

几个月后，老人的话验证了，丢失的马回来了，竟然还带回了一匹良马。同村的人知道后，又赶来向老人表示祝贺，老人却没有高兴，反而说："我并不认为这是一件好事，也许还会有未知的事发生呢。"

他的儿子十分爱骑马，结果不久就骑着这匹马把腿摔坏了。同村的人再次来到老人家，安慰他，劝他别难过，但老人笑着说："没什么，这也不一定是坏事呢！"

没过多久，因为边塞战争，国家强制征兵，同村的青壮年都被征入伍，在边塞拼杀，大多死在了战场上。而全村只有老人的儿子因为摔坏了腿不能当兵打仗，从而保全了性命。

这便是"塞翁失马"的故事，它很生动地说明了老子所说的"祸兮福之所倚，福兮祸之所伏"的道理。老子善于观察天地万物，他也看透了社会历史与政治方面的成与败、存与亡、新与旧、福与祸等，发现了其中对立物的相互关系，这便是事物内部的辩证规律。

在《道德经》中，很多地方都说明了这一辩证关系，物与物是相互转化的，物极必反是事物内部的深刻道理。这一思想辩证法存在了几千年，有和无彼此相生，难和易彼此相成。为什么会有长有短，只有两两相比才会显现出长短，只有不同的声音才会显现出和谐，只有前后相互对立才会产生顺序；最重要的是，物和物是两方面相互转化的，长与短相比会长，但与更长相比就显得短了。

祸是福的前提，福中又会包括祸的因素。几千年来，这一辩证思想为无数人提供了心灵慰藉。“祸兮福之所倚，福兮祸之所伏”，在一定条件之下，好与坏并不是一成不变的，在一些其他因素的影响之下，它们之间就会相互转化，“物极”则必反。这与老子“无为”的哲学思想完美地契合，也就是说“无为”并不是不作为的等待，而是要重视人的主观能动之下事物之间的转化。

秦佚悼老子

相传老子长寿，活了106岁。当老子西去的时候，他的亲戚朋友都来追悼。大家都非常怀念老子顺民之性、随民之情、与世无争、柔慈待人的大德大恩。年长的人来哭老子，就像是在哭自己的儿子；年轻的人来哭老子，就像是在哭自己的父亲。所有的人都悲不自胜，伤心到了极点。

秦佚是老子的朋友，闻讯也赶来吊唁。秦佚来到老子的灵前，并不像常人一样跪拜，而是拱拱手，哭了三声，转身就往外走。

邻居看到秦佚的祭拜方式，伸手拦住他说："你难道不是老子的好朋友吗？"

秦佚点点头，说："当然是啊。"

邻居质问道："既然是老子的好友，怎能如此薄情少礼，你怎么能这么做？"

秦佚说："我做错什么了吗？"

邻居看着秦佚无所谓的样子，更加气愤，大声责问："你这叫薄情，怎么能如此呢！"

秦佚笑笑说："我的朋友老聃说过，生不是什么喜事，死也不是悲伤的事。你们听过吗？当年老聃出生时，由无至有，聚气而成，顺时而来，合自然之理，这有什么值得庆贺的？今天老聃死了，由有归无，散气而灭，顺时而去，也合自然之理。有什么可悲伤的呢？

生就庆贺，那是因为不应该庆贺而去庆贺；死去就悲伤，那是因为不应该悲伤而悲，生时贵生，死时怕死，这都是用自己的意思来强求生或者强求死，都是违背自然之理的。就像安时而处顺，那么哀乐就不能产生。但是背自然、违天理，这与‘道’相合吗？不合自然之道，我怎么能成为老聃的好朋友？老聃的好友，是遵循他的话而做的，是顺乎自然之道而审视自己的行为的。我既然是老聃的朋友，就可以以理化情，所以我并不用悲伤。”

邻居听完秦佚的话，都陷入了深思，似乎明白了什么，又问：“既然你不悲哀，为什么还要哭号三声呢？”

秦佚笑笑说：“我哭号三声，那并不是因为悲哀，我是在与我的好友老聃告别。一号是赞叹他的出生合自然之理；二号是感叹他的死也合自然之理；三号是想告诉他，他传授的‘道’也合自然之理。老聃一举一动、一言一行都合乎自然的道理，三声哭号来辞别，并不是悲哀呀。”

邻居和亲友们听完秦佚的话，都点头赞叹，并推举秦佚做主葬人，秦佚也因此为老子写下了“老聃大圣，替天行道，游神大同，千古流芳”的悼文。

南华真人——庄子

庄子（约前369—约前286），名周，唐玄宗封其为南华真人，所著《庄子》被奉为经典，人称《南华真经》。

庄子出生在战国时宋国蒙（今河南商丘市东北）的一个没落的贵族家庭，年少时在家乡做过管理漆园的小官，因为生活贫困，曾经以打草鞋为生。但是，他涉猎广泛，知识渊博，广交朋友，在当时很有名。庄子深受老子学说的影响，加入了自己的学识后创立了天地同一、主张自然的理论。

庄子十分敬佩老子，崇尚自然，从来不受外物的影响。

曾经有人因拜见了宋王而被赏车10乘，这个人驾着车来到庄子面前嘲笑他。庄子笑着说："我听说河边有户穷得靠编织苇席谋生的人家，他的儿子潜入深渊，捞得千金之珠，父亲见了赶紧说：'快用石头砸了它吧！那千金之珠，肯定在九重深渊的黑龙颔下。你能拿到它，一定是碰巧黑龙正在睡觉。假使黑龙醒了，你恐怕性命难保。'就像现在的宋国，好比那九重深渊，而那宋王，是比黑龙还要凶猛的，

▲ 庄子画像

今天你得了车，他一定是睡着了，一旦他醒来，你必将粉身碎骨。”

庄子是从来不会为金钱动容的，在他的思想中，天道自然才是人最基本的存在规律，也正是因为这一志向，庄子一生也没有做过大官，直到终老依旧过着贫困的生活。

曾经，楚王得知庄子的学问后，专门派大员到他家里，许下千金俸禄，请庄子做楚国宰相。但是，庄子对大员说：“千金俸禄，价值高昂；一国之相，地位尊贵。但是，您见过供祭祀之用的牛吗？如果需要这头牛去祭祀，那一定是先给它披上锦绣，系上彩带，羡煞旁人。但是，只要它一进祭祀庙堂，它就知道自己将要被宰杀了。现在以千金的诱惑去让我做宰相，而今是披锦绣，系彩带，但以后呢？我还听说楚国有一只神龟，已经死了3000年，国君还把它当作神物，用锦巾包裹起来，小心地放在木匣里，供奉在庙堂之上。那我想问的是，您觉得这只受供奉的神龟，是想死去让人当神物，还是活着自由地爬在泥塘之中呢？我劝先生还是快回吧，我宁愿做一条泥鳅自由自在地在污泥中摇曳，也不愿意披锦挂彩。”

庄子的智慧来源于老子的学问，“庄生晓梦迷蝴蝶”的哲学辩证是庄子认识论的重要体现。庄子哲学思想源于老子的道家学派，又是对道家学派的一个衍生，他观察世界的方式异于常人，能从常人不常见的角度来看待万物。

齐物论

齐物论是庄子认识论的重要论点，庄子认为天地万物是平等同一的，虽然表面上看起来千差万别，形殊势异，但是从本质来说是同一的、均等的。

庄子看待事物的角度与常人不同：常人一般站在人间观人间，所以事物会放大，事物与事物之间的差别也会随着自己的心境放大；而庄子却可以跳出人间之外，站在宏观的宇宙中观人间，所以世间万物就会变得很渺小，那事物与事物之间就没有差别，这便是齐物论的根源所在。

从这点而言，庄子是最反对“偏见”的。人之所以会产生偏见，就是因为认识客观事物的能力有限，不能跳出小我。比如，庄子曾经举过这样的例子，人睡在潮湿的地方就会风湿腰疼，可是睡在湿泥中的泥鳅也会觉得难受吗？人爬到树梢高处时，就会胆怯害怕，难道荡在树枝之间的猴子也这样吗？所以说，你需要站在哪个角度来看待呢？人、泥鳅、猴子谁是世界的“正处”？不能从人的角度说潮湿不好，树枝危险，也不能从泥鳅的角度说湿泥舒适，更不能从猴子的角度说树枝是适合游戏的。人之所以会产生“偏见”，就是因为人总是站在人的角度去评判世间万物。

这样的例子还有很多。庄子说，人吃饭菜，麋鹿吃草，蜈蚣吃蛇，猫头鹰吃老鼠，那这四种生物谁吃的才是“正味”呢？站在各自的角度而言，都是在食美味，可站在他物的角度来看都是不可食的。再如，毛嫱、丽姬都是传说中公认的美女，可是鱼见了她们就逃到深水里去，鸟见了她们吓得高飞，麋鹿见了她们就赶快跑开。既然“美”，为何物不被吸引，反而逃开？那么人、鱼、鸟和麋鹿谁才懂得“正色”是什么呢？

庄子认为，人总是站在自己的角度，从自身出发来评判“正处”“正味”“正色”是不正确的，而且，庄子还将认识中的必要性和可能性一一否决了。人对事物的认识都源于自己的想法，并且认为自己的想法就是正确的。但是，人不可能彻底了解事物本身，所有的揣测都只是揣测。将这些揣测当成是对事物的正确认识，颇有些自以为是的意味。

庄子说：“吾生也有涯，而知也无涯，以有涯随无涯，殆已。”人的生命是有限的，但认识是无限的，我们以有限的生命去揣摩无限的认识，那是很危险的事情，最终的结果只能把自己陷入无限的苦恼与烦忧中。无论是人，还是事物，都是同一的，人不能主观臆断去揣摩别人的想法，自然也不能主观地以自己狭隘的认识去揣摩事物。

逍遥游

提到《庄子》，其中最著名的篇章就是《逍遥游》，很多人也习惯用“逍遥”这个词来表达自己的梦想，“逍遥”就是无拘无束，自由自在，庄子作《逍遥游》当然是为了表明自己所提倡的人生最高境界——逍遥。

《逍遥游》开篇是一个寓言故事：

在北冥有条大鱼，名字叫鲲，硕大无比，没有人知道它到底有几千里长。鲲变化后成了一只大鸟，人称其为鹏，鹏展开双翅，也不知道有几千里那么大。

大鹏鸟奋起飞翔，它的翅膀就像从天上垂下来的云彩。它将翅膀掠过海水，想要趁着海水震荡飞往南海，翅膀一拍，那海浪掀起了3000里宽，一阵阵旋风吹起，大鹏鸟顺风盘旋而上，飞到了九万里的高空，就这样一直飞了六个月，它终于到达南海。

大鹏鸟的想法让一只小雀儿知道了，它嘲笑着说：“大鹏鸟真是自讨苦吃，何必飞那么远呢？我向上飞腾不过几丈高，落下来后在蓬草香蒿中间翱翔，也是非常愉快的，它飞了那么高，可还要不停地飞，这是要飞到哪里去呀！”

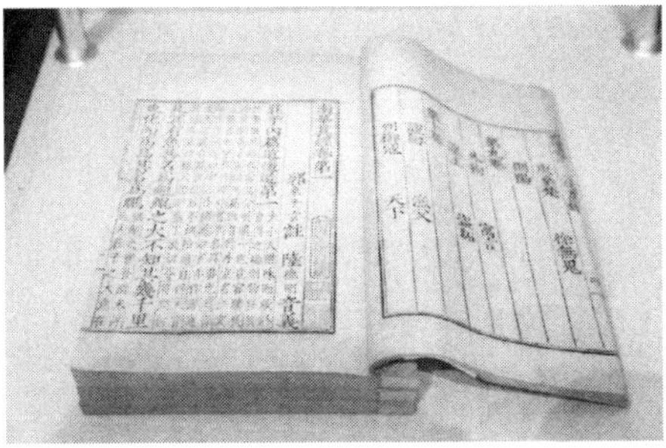

▲《庄子》书影

后人在解读时常常会解读为大鹏鸟志向高远，而小雀目光短浅。但是在庄子看来，小雀嘲笑大鹏的确是可笑又可怜的，不过，飞九万里高空的大鹏与飞几丈高的小雀，无非就是飞得高低远近的差别。不论如何，这高低远近也是受空间的限制的。所以，大鹏鸟与小雀都认识到自己是有限制的，这便是庄子提到的“有所待”理论。

就如宋荣子，他是一个很明白的人，对自己的内心和外界的事物都有自己独到的见解，特别是对光荣和耻辱有自己的判断标准。这样的人是很少见的，但是庄子还是认为宋荣子没有达到人生的至高境界。再如列子，能及常人所不及，可以御风飞行，且一直飞半月才返回来，庄子觉得列子活得就很幸福，但是列子虽然不必用脚走路，却要靠风飞行。虽然能够像列子这样的人很少，但列子还是“有所待”。

既然都是“有所待”，那么“无所待”是什么呢？庄子觉得“无所待”就是顺乎自然，顺乎本性，这样的人是很少的。能够驾驭天地间的阴、阳、风、雨、晦、明六种气的变化，能不受时间、空间的限制而任意遨游，那才是“无所待”。

庄子觉得足以称为“逍遥游”的是居住在藐姑射山上的一个神人。

这个人有着如冰雪般洁白的皮肤，有着如处女般恬静的姿态。他从不吃五谷杂粮，只是吸风饮露，他的身体可以乘着云气，驾着飞龙，在四海之外遨游。他的精神凝聚专一，与万物融为一体，自然也不会受到万物的伤害，他所到之处，年年五谷丰登。

庄子认为这位神人的生活便是“无所待”，即逍遥、不借力、不待力、顺乎自然。“无所待”便是自然，也是庄子思想中绝对自由的最高境界“逍遥游”。

无用与有用

《庄子》中还有一个重要的哲学辩证——有用和无用，有与无本就是一对对立的存在，但是庄子认为，有用与无用并不能指向事物本身，而是要跳出事物以外来看，有用是认为有用得出的结论，而无用也是认为无用得出的结果。

《庄子·人间世》：匠石与弟子出游，来到一座山脚下，看见一棵枝繁叶茂的大树。观看的人就像赶集一样众多，然而匠石不屑一顾，照样往前走个不停。

弟子细观了树后，问匠石：“我们跟随先生以来，未曾见过如此美材。先生您却根本不停下来看一眼，为什么呢？”

匠石说：“这是一棵不中用的树，它的木材没什么用处，做船它易沉于水，做棺容易腐烂，做家具极容易被毁坏，做门窗它的树脂不容易干，做柱子又容易遭虫蛀。这种树虽然看似是木材，却是无用之材，自然也就有如此长的寿命了。”

庄子在《山木》篇总结道：“这树因为不成材而得以终其天年。”

难道不是无用之用，对别处无为却对己有为吗？

庄子在《人世间》又写道：“树不成材，它也不求有为，从而躲过了斤斧的伤害；白额的牛、亢鼻的猪、痔疮的人，巫师测算后都觉得它们是不祥之物，所以自古以来人们从不用它们来祭河神，它们也自然能够终其天年；残疾的人，国家在征兵时不会造册，自然可以逃过战场厮杀，终其天年。树不成材，方可免祸；人不成才，亦可保身也。看似身体残疾，却足以保命，那些不具备德才的人呢，看似无用，自然有其有用之处。”

篇末说出了具有总结性的句子：“山木，自寇也；膏火，自煎也。桂可食，故伐之；漆可用，故割之。人皆知有用之用，而莫知无用之用也。”

《庄子·山木》：庄子师徒二人路遇不材之木得终其天年后，一路聊着出了山，庄子到了山下的朋友家，主人一见庄子很高兴，便对儿子说：“来，儿子，杀掉大雁款待贵客。”

儿子应着，又有些犹豫，便问父亲：“一雁能鸣，一雁不能鸣，杀哪只呢？”

主人说：“当然杀不能鸣的。”

庄子师徒与友人告别，走了一段路后，弟子忍不住问：“昨日山中之木，因不成材得终其天年；今主人之雁，因不成材被杀。我是糊涂了，这到底是为什么？”

庄子笑着说：“唉，我庄子现在就处于材与不材之间，材与不材之间便是似是而非，这种情况还难免于累……”庄子欲言又止的神态让弟子很是着急，忙问：“那又怎样呢？有材难自保，无材也难自保，材与不材之间呢？这样的情况又会如何？”

庄子沉思片刻，抬头望向浮云说：“若夫乘道德而浮游则不然，无誉无訾，一龙一蛇，与时俱化，而无肯专为。一下一上，以和为量，浮游乎万物之祖，物物而不物于物，则胡可得而累邪？此神农、黄帝之法则也。若夫万物之情、人伦之传，则不然。合则离，成则毁；廉则挫，尊则议，有为则亏，贤则谋，不肖则欺，胡可得而必乎哉？悲夫，弟子志之，其唯道德之乡乎！”

意思是说，逍遥自在是人最初始的状态，不役使外物，也不被外物使，这是神农、黄帝的处世法则。而随着万物的发展，人的传习，自然会受到有为与无为的影响，有为会亏损，贤能会被谋算，而无能也会受到欺侮，所以怎么才能免于累呢？悲哀啊！弟子记住，只有道德之乡（才可免于累）啊！

白驹过隙，忽然而已

“白驹过隙，忽然而已”，意思是说，人生就像白马越过地面的一个小缝一样，瞬间而过，极为短暂。这个成语出自《庄子·知北游》，后世人常常用它来比喻时光易逝、人生短暂。

庄子的《知北游》中讲明了对待生死的态度。庄子认为，人生是十分短暂的，就像骏马飞奔、越过缝隙，眨眼间一生就走向了终点。看世间万物，哪一个不是蓬蓬勃勃地出生，萧萧条条地死去呢？

看世间万物，有生命的为生命的消逝而感到哀伤，特别是有情感的人类，为离去而痛心不已。但是，万物不知，与其困顿其中，还不如解开那自然造成的束缚。人总是太过执着于一点，看不透人生的本质，解开束缚难道不是人和万物的最终归宿吗？

尽管如此，庄子认为，追求至理的人所追求的并不是这样，众人都在讨论生死的问题，但达到至理的人却从不讨论，也就是说凡是参与讨论的众人都没有达到至理。

老子说：“道可道，非常道；名可名，非常名。”“道”是不可见的，人们用可闻可见的方式求道，就不如以闭塞的方式求道，这才是真正的“道”，人生的真正意义也在于此。

庄子通过上面的话阐述了对生与死的看法，而且对待人生，庄子的思想也是值得参考的。

他觉得人生非常短暂，人的一生只是“道”变化的一个瞬间，就如后世人所说人生不过百年，对宇宙而言不算什么。“道”的变化就像骏马飞奔，而人生在世就像白驹过隙。

庄子认为人的生生死死，是“道”流变的一个自然过程，是万物变化的自然程序。放眼望去，世人都会如此，人生而有死，没有一个人能够逃脱。

庄子觉得，既然生死不由人，那人就应该从对死亡的哀伤和悲痛中解脱出来，顺随生物的自然变化，生而不喜，死而不悲，生死不动于心，永远保持内心的平静。

在庄子的思想境界中，做到了以上几点，人也就达到了至理，回归了大道，人生就是完满的。换句话说，达于至理、回归大道的人不是因生或无生相区别的，也不是因有形或无形相区别的，而是将生死看作一体，将有无看作统一。

养生与解牛

《庄子》中记录的很多事件，都可以当作一个阐释哲理的寓言来看待，“庖丁解牛”的故事便是其中一个。

庖丁，就是一位名丁的厨师。当年，庖丁为文惠君宰牛，技术精湛，拆解牛的动作就像在跳“桑林之舞”，而刀穿过骨缝的声音就像在奏“经首之乐”，抑扬顿挫，优美动听。

文惠君看着眼前的庖丁，出了神，不由得赞扬说：“难道宰牛的技艺也能够达到这样熟练的程度，技艺如此高超吗？”

庖丁放下刀拱手答道：“我所追求的是宰牛的道理啊，道理远比技艺更高一筹。一个好的厨师，一年换一把刀，因为他用刀去割肉，一年的时间刀就钝了。一个普通的厨师，一个月就要换一把刀，因为他是用刀砍骨头，不到一月刀就会钝。而我这把刀，已经用了19年，拆解的牛也早已有数千头，你看这刀刃，却像是刚磨的一样。解牛者要知道，牛的骨节中间是有空隙的，而刀刃的厚度却是可以忽略的，拿忽略厚度的刀刃刺入有空隙的骨间，游走那刀刃，自然就会大有余地。我因为知道这个道理，这把刀才能用上19年，刀刃还像新磨出来的一样。”

文惠君点点头，感叹道：“太好了！听了你的话，我也懂得了养生的道理。”

文惠君的答语似乎没什么道理，庖丁在讲解牛的道理，文惠君却牵扯到了养生，之所以这样，是因为养生与解牛之间的道理是相通的，那就是不要做伤害自己的事。

庖丁保养刀刃的方法就是不去碰牛的硬骨头，而人保养身体最好的方法就是不要去碰能伤害自己的硬东西。庄子认为，对人有害的硬东西就是名和刑，世间人常常为了名去做一些所谓的好事，真正做好事的人往往会忘我操劳，把身体搞垮，而那些假装做好事的人常常会败露于世，身败名裂。对于刑而言就更容易理解了，触刑，自然就会受到惩罚。

所以，庄子的思想所传递的是，人生在世，最好的养生方法便是“为善无近名，为恶无近刑”，如庖丁解牛般，避开名与利的诱惑，拒绝触刑的事发生。人是要做好事的，但是好事也要自然地去做，不能强迫自己，消耗自身能量，更不能刻意去做，丢了自身名节，做坏事会受到惩罚，做好事太过用力也会累及自身。

螳螂在前，大鸟在后

《庄子》中还有一个故事，传授了在利益面前的生存智慧——“螳螂在前，大鸟在后”，也有人说“螳螂捕蝉，黄雀在后”，总之故事所阐述的道理是一样的。

一天，庄子在栗子园外面游玩，突然飞来了一只奇特的大鸟。这只鸟的翅膀有七尺长，眼睛有一寸大，更奇怪的是，这只鸟不像其他鸟一样怕人，它的翅膀擦过庄子的额头飞了过去，像是没有感觉到庄子的存在。

大鸟在栗子园中飞了一阵后，最终落在了栗林之中。庄子心中纳闷：这只鸟真奇怪，有那么大的翅膀却只在这栗子园中盘旋，有那么大的眼睛却看不到人的存在。

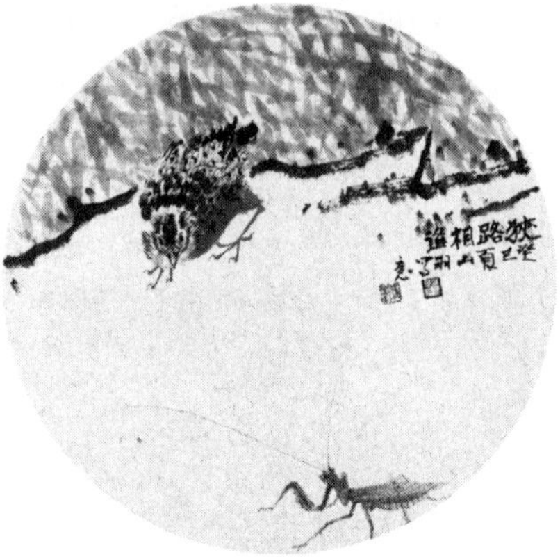

▲ 狭路相逢的螳螂与黄雀

于是，庄子加快脚步，进入栗子丛中，拿出弹弓，准备把它打下来。可是，走近一看庄子才恍然大悟，原来大鸟的眼中一直盯着的是一只螳螂，它不飞远也是因为眼中的这只螳螂。

再看那只螳螂，似乎也没有发现大鸟的存在，因为它的眼中只有一只蝉，而这只蝉正在树荫里休息，也许是蝉自以为找到了安全之所，自顾自地享受，根本没有发觉危险的存在。

此时，螳螂伸出了右臂，一把捉住了蝉，螳螂晃动着身体开始享受美餐，完全忘乎所以，没能隐蔽自己的身体。大鸟从空中一掠，一下啄住了螳螂，当然大鸟也不知道身后有一个人正拿着弹弓要打自己。

庄子的弹弓并没有拉开，他开始为这几只小动物感到悲哀，它们太不懂得轻重了，螳螂吃蝉只不过是一顿饭食，而大鸟吃螳螂也不过是一口而已，只是为了那么一点蝇头小利，就把自己的生命置于危险之中，真是悲哀呀！这种物欲对小生命而言是致命的，对人类而言同样是非常危险的。

庄子此时觉得，自己可能也陷入了这种可悲的境地之中，为了满足好奇心而故意捉住那只大鸟，却没有看一下周围的环境，是不是还有谁也把自己当成猎物，正在身后威胁着自己呢？庄子猛地惊醒，扔掉弹弓，赶忙跑出栗子林。果然，庄子的想法是正确的，就在庄子走进栗子林时，守园的主人以为庄子要偷栗子，正悄悄跟在他身后，见庄子仓皇地跑出来，便追上前去大骂。

在这个故事中，无论是蝉、螳螂、大鸟还是庄子本人，都为利而动，为欲而忘乎所以。所以庄子认为，无私是立身之本。一个人一旦开始追求私欲，那必将有一天会利欲熏心，迷失自己，陷入迷茫之中。不要说利是否还在，就连性命都难保了。

庄生梦蝶还是蝶梦庄生

“庄生梦蝶”是一个奇特幻想，也是人生的一个美妙的意境。“梦”是一个神秘且神奇的存在，哪怕在科学技术如此发达的今天，梦还是没有一个天衣无缝的解释。

一天，庄子在花园中睡着，做了一个奇怪且美妙的梦，梦见自己变成了一只蝴蝶，悠闲自在地飞来飞去，很是得意。正在得意之时，庄子突然惊醒，发现自己还是那个庄周，既不会飞，也不会流连于花间。庄子感叹地说：“刚刚是我庄周梦见自己变成了蝴蝶，还是飞舞于花间的蝴蝶做梦变成了庄周呢？”

庄子的想法是很奇特的，不由使人发生联想，那些精神有问题的人，或者整天奇思妙想的人，是不是也是处于梦中未醒来呢？庄子这一梦令他深悟了一个道理，不论是庄周梦见自己变成了蝴蝶，还是蝴蝶梦见自己变成了庄周，都是一种物与物的转化。虽然蝴蝶与庄周不同，但是仍然可以互相转化，庄子将这种过程称为“物化”。

由此梦境，庄子又联想到了生与死。他认为人的生与死也是一种“物化”，宇宙是一个循环不已的大混沌，就宇宙整体而言，从一无所有的混沌状态变为有形有象的明晰世界，又由有形有象的明晰世界回归到无形无象的朦胧状态。在这个明晰的世界中，很多东西由一种状态转化为另一种状态，由另一种状态又转化成了第三种状态，如此循环，从未停止。那么人的生死不也是这种转化吗？

再回到故事本身，庄子还想告诉人们无论是梦还是醒，无论是庄周还是蝴蝶，有什么必要去追根究底呢？人的认识标准是相对的，人的认识也是有限的，所以人根本没有办法正确地认识事物。

就如当时社会上各派学说之间的争论，大家都在自说自家道理，认为对方的理论都似是而非，最终也没有分出个你我。就如庄子所说："如果两个人辩论，你胜了我，但不一定是我错了；我胜了你，也不一定是你错了。因为辩论不能让一个人对，一个人错，也不能说两人全错或者全对，那只是认识的问题。哪怕请一位裁判，如果他与你的认识是相同的，那他就会说我是错的；如果他与我的认识是相同的，那他就会说你是错的。总之，他是由自己的认识出发来做评判，根本无法分出谁对谁错。所以，这种辩论根本是无法分出对错的，你、我、裁判都无法决定孰是孰非，因为是非问题永远都没有一个标准答案。"

庄子妻死，鼓盆而歌

庄子的妻子去世了，庄子的朋友惠施赶来吊唁。惠施怀着悲伤的心情来到庄子家，一进门却发现庄子正盘腿坐在蒲草编的垫子上敲着瓦盆唱歌。

惠施面露不解之色，可作为朋友他还是责备庄子说："你的妻子去世你怎么能唱歌呢？她与你日夜相伴，为你生儿育女，操持家务，身体就这样累垮了。如今，她离开人世，你怎么能不悲伤呢？哪怕不悲伤你也得哭两声呀，可是你……你却在这里唱歌，真是太过分了。”

庄子看到惠施满脸的怒色，停止了唱歌，说：“你错了，你不知道，我的妻子刚刚去世的时候，我的心情是无比悲伤的。但是，我伤心了一段时间后，想明白了，也就不悲伤了。”庄子顿了一下，继续说，“你想，当初我的妻子本来就是没有生命的，不仅没有生命，还没有形体，甚至连气息也是没有的。但是，有那么一个机缘巧合，她就在恍惚间有了气息，之后又聚成了形体，再后来又由形体渐渐地产生了生命。她的生就是这样的过程。现在她死了，不是又进入了那个循环吗？她从有生命变成了无生命，聚成的形体也会慢慢消散，之后气息也会消灭，她还是她原本什么都没有的样子。这人的一生呀，不正像那春夏秋冬四季轮回一样吗？就这样循环往复，没有穷尽。我的妻子，本就是一个从一无所有的大房子中走出的生命，现在不过是又回到那个一无所有的大房子里面休息，就因为她去休息我就号啕大哭，这不是有悖于大自然循环往复的道理吗？因此，我不再悲伤哭泣，改为鼓盆而歌作为道别呀！”

惠施点点头，深以为然。

庄子深谙老子的自然之道，总会从哲学角度解释一切，对于生死，他也可以用超脱的哲学理念宽慰自己。庄子认为人是由宇宙大道演化而来的，是道在世间的具体体现形式。真正的哲学家，就是这样知行合一。

在庄子的思想中，一些关于生死的句子都令人深思。他认为人的生命，或者说所有的生命都是一样的，大家都属于宇宙演变过程中的一刹那，生与死只不过是一个循环往复的过程，有生自然有死，有死也会有生。

由此而言，生死没有差别，那么“生何其乐？死何其忧？”活着并非什么值得高兴的事，生命的结束也不是什么值得悲伤的事。因此，一个人，活于世间，最重要的就是顺其自然。换句话说，人一旦出生，就接受现实，顺应自然而活，不要有什么非分之想，也不用因为自己活着而时时庆幸；人如果死去，那也要接受现实，自然地归去，留于世间的人要知道，那是一种自然的往复，没有必要为了死去的人而伤心悲痛。

庄子的思想是很多学说比不上的，他觉得人的思想如果顺其自然，那就是大智大慧，再加上行动上也顺应自然，就会一生快乐无忧。活于世间，不要总是为难自己，也不要总因一时的改变而情绪波动。顺应自然之道，真正“得不喜，失不忧”才是智者。

三为令尹不荣华

庄子这一生也没有做过大官，他对爵位、显贵等心态很平和，甚至觉得哪怕是有了爵位，或者王位，也没有必要觉得因此就会富贵荣华；哪怕丢了，也没有必要伤心，因为那些本就是随社会发展而自然产生的。因为有需要，所以要承袭爵位；因为有需求，所以要坐上王位。或者那些真的是一些机缘巧合，并不是争来争去就可以达到的。

“顺其自然”四个字来自老子，庄子却对其理解得更加通彻。顺其自然，所有的事情都会迎刃而解，顺其自然，就会有一个好心态。

传说，孙叔敖被解职了，人们都怕他想不开，但他的心情却很平静。肩吾赶来问孙叔敖："先生三次被任命为令尹，没有见过您有多高兴；现在三次被解职还乡，我也没有看出您有多伤心。我本来不太相信您能一直保持这种心态，可现在看您的表情，真的是很坦然，您到底想些什么呀？"

孙叔敖笑笑，回答说："我能想些什么呀？我只不过是把做官当成一件不可推卸的事来办罢了，现在我被解职了，那也不是我能阻挡得了的。所以，无论做不做官都不由我自己来决定，我就随它去吧，自然也就没有什么高兴或者烦恼的呀。"

"或者我可以这样给你解释，"孙叔敖继续说，"也可以说弄不清楚所谓的荣耀，所谓的懊恼，到底是不是应该归于我。你说这种心境是属于我还是属于令尹？如果属于令尹的情绪，那和我有什么关系？既然与我没有关系，那么我有什么荣耀和懊恼呢？如果属于我，那又和我做不做令尹有什么关系？我现在呀，就是准备去散心，到山水之间游玩一番。那些荣耀和懊恼，我现在根本没有什么时间去考虑，做不做官更是没有时间去想了。"

这是庄子所说的"三为令尹不荣华"的故事，庄子的思想中，高官厚禄都是顺其自然的事情，没必要刻意去追逐，也不能刻意地去回避。这种"求不得""避不开"，不是一人之力可以更改的。那就顺应大道，顺应自然，想来的就让它来，该走的就不要强留。"来之不必推却，去之也不必忧伤"，这才是真正的处世之道。

杞人忧天

中原地区有一个名为"杞"的小国，国中有个人生活很富裕，不愁吃，不愁穿。但是，他每天都胆战心惊的，他常常对人说：“你们说，天如果掉下来或者地沉下去怎么办？”

杞国的这个人，我们就称他为“杞人”吧，天天担心，怕天塌下来、地陷下去，这样他就会没了现在的富裕生活、没了住的地方。他天天发愁，久而久之，甚至愁得吃不下、睡不着。

有位智者听说了这件事，怕杞人因为忧愁而忧愁，便决定过去劝劝他。

智者说：“你放心，天是不会塌下来的。天啊，就是那么一团气，怎么会塌下来呢？你看看周围，我们就是生活在这个气中，我们吸进气，呼出气，哪都是气。其实，我们待的地方就是天，这样的天怎么能塌下来呢？”

杞人想了想，说：“好吧，天是气，不会塌下来，那你看那空中的日月，它们如果掉下来，也是很可怕的。”

智者说：“日月也是气，只是它们与天不同，它们是发光的气。所以，哪怕有一天它们掉下来，气就是气，能伤到你吗？”

杞人的眉头舒展了一下，但又皱起来说：“那地要陷下去也不行呀，我们住哪儿？”

智者说：“地怎么会陷下去呢？你看看，地是用土块积累起来的，地底下根本就没有空隙了，都被土填满了，没有空隙怎么会陷呢？你说这块大地多少年了，自古以来走了多少人，也没有听说过有哪块地陷下去，你呀，不要总是这样担心了。”

杞人听完智者的解释后，心结终于打开了，他不由得高兴起来。智者因为劝解了杞人，看到杞人的笑容，他也笑了起来。

这个小故事选自《列子·天瑞》篇，后世用“杞人忧天”来形容那些天天用假想让自己陷入担心的人。其实，早在《庄子·天下》篇中，杞人想知道的问题就已经被提出来了，即天地为什么会不坠不陷。对于这个问题，不同的人有着不同的评论，针对杞人，有人说他是未雨绸缪，有人说他是过分担心。长庐子对这个问题也发表过自己的看法，他听到“杞人忧天”的故事后，感觉十分好笑：“天是由大气聚集而成的，这没有错。彩虹呀，云雾呀，风雨呀，行星呀，这些都属天，都是由气聚集成的。地是由土块累积而成的，也没有错。山岳呀，河海呀，金石呀，水火呀，这些都属地，都是由土累积而成的。但是，只要是物体组合而成的东西就会被毁坏呀，天是由气集成的，地是由土块累积成的，这话是没错。可是用什么来证明它们不会塌陷呢？天地是太空中很小很小的两样东西，不过在有形的东西之中它们算是最巨大的了。因为它们巨大，所以不会在短时期内就被毁坏，但是长久不变也不可能。想要知道它们什么时候毁坏那也是要经历时间的，但因为它的组成而说它不会被毁，这听起来就很荒谬了。虽然迟早会毁坏，但是杞人现在就担心天地崩坏，不免太早了些。只有那些可能遭遇天地崩坏的人们才应该为此而担心、忧虑。”

两个故事之中，从杞人到智者，再到长庐子，每个人都有自己的观点。从自己的角度出发都是对的，但是放在道理层面上说，就都有些牵强了。

井底之蛙与东海之鳖

庄子引用孔子的话，说：“我从小好学，到现在已经69岁了，感觉还没有认识到最高的真理，我敢不虚心吗？”庄子吸纳了老子与孔子的思想，与圣人不同的是，庄子更注重个人心灵的修炼，他认为人们在认识宇宙、人生时，一定要保持一种虚旷、开放的心态，任何强迫自己思想的行为，都是把自己固定在一个思维模式或心理结构里，这就是故步自封。

秋天来了，水流经过夏天的汇集，越来越多，河流也因此变得更加宽阔。河伯，这位河流小神开始得意起来，他觉得自己非常伟大，天下无人能比。

河伯得意扬扬地顺流直下，当他到达了北海时，呆住了。这北海怎么会如此开阔，如此无边无际、烟波浩渺呢？河伯愣在原处，仿佛丢了魂一样。

这时，管辖北海的神灵走过来，他看到呆呆站着的河伯说："是不是觉得我很大？我和你相比，的确是大得无可比拟，但是，如果和无限的宇宙比较起来，我就像大山中的一块小石子、一棵小树苗。"

这是《庄子・秋水》中的一个小故事，意在告诫人们：人的心灵往往会因外界环境或者自己的见识、固有成见等原因受到约束，所以会产生局限性。这种情况虽然不可避免，但作为万物之灵的人类，应该及时认识到自己的狭隘之处，不能骄傲自大。

除河伯见海神的故事外，在《庄子・秋水》中又用了另一个故事来阐明这个道理。

生活在井底的青蛙听说生活在东海的鳖来了，便跳出水井，前来迎接。它兴奋地说："我非常高兴，我能跳出井，在井栏杆上跳跃，也能在井边的破砖块旁边休息，而且还能跳进井水里面，让游动的水托着我的两腋和两腮，或者再往下一点，跳到泥里，让泥巴盖住我的脚背。你看呀，你看看我周围的这些虫子呀、螃蟹呀和蝌蚪呀，哪一个能像我这样快活？我最大的快乐就是能独占一坑水，盘踞一口井，我做到了。”

东海之鳖听着青蛙的侃侃而谈，严肃地说：“我来给你说一下我生活的地方吧，我生活的东海辽阔到千里之外，深于 8000 尺。你记得大禹在世之时吧，在那个年代里，十年有九年水灾，人们引流入海，但是海水却一点也没有升高；商汤时期，八年有七年大旱，但是也没见海水减少一点。这大海的水呀，从来不会因为时间的长短而改变，也不会因为雨水的多少而增减，你懂得这无限广阔的大海的快乐吗？”

井底之蛙听了东海之鳖的话，脑海里一片迷茫，它从来没见过，也想象不到东海之鳖口中大海的样子。它安于一方水井，就已经很快乐了，哪能体会得到海中的乐趣呢？

庄子说：“世上那些心胸狭小、琐碎的人，他们看事物时，就像是拿着根竹管子来看外面的天，那天也不过是竹管所透的巴掌那么大；或者说是拿锥子去量地，那地也只能有鞋底那么大。这种人真的是太渺小了！”

河伯得意于河流汇集，却从来不知海神所辖能有如此之大；井底之蛙得意于自己能拥有一片安乐的地方，却无法想象东海之鳖口中海的辽阔。人生在世，不要总是对着自己的一方天空得意，虚心是人立身处世的基本规范，将眼界开阔一些，那无穷的宇宙、无形的大道，哪一个不是值得我们去追求的自由境界呢？

鱼是否快乐

“濠梁观鱼”出自《庄子》，记录的是庄子与其朋友惠施在河堰旁的一段对话，世人从对话中品出了哲学思辨的味道。

庄子和惠施在河堰上游玩，他们见到水中的游鱼忽上忽下、自由自在的样子，驻足凝望了许久。

庄子指着水中的游鱼，说：“你看，水里的鱼优哉游哉地游着，看来它们相当快乐呀！”

惠施笑笑，问庄子：“你又不是鱼，你怎么知道鱼是快乐的呢？”

庄子反问说：“你又不是我，怎么知道我就不知道鱼是快乐的呢？”

惠施立刻回答说：“我不是你，当然不知道你是否知道鱼的快乐；但你也不是鱼，自然也不会知道鱼的快乐。怎么样？你还有什么话说吗？”

庄子笑笑，说：“那就让我们再从头说吧，你问我‘你怎么知道鱼是快乐的’这个问题的时候，你的内心就已经默认了我是知道鱼的快乐的，你只是想知道我是怎么知道鱼是快乐的。我怎么知道鱼是快乐的呢？就是在这濠梁之上感悟到的。”

庄子和惠施的这段经典对话，充满了哲学思辨的味道，从对话的逻辑上来看，第一层逻辑推理对话，惠施是不认可庄子能够明白鱼的快乐的，但庄子也适时地反驳了惠施的话。惠施既然说庄子不是鱼，不能体会鱼的快乐，但惠施也不是庄子呀，所以惠施也不能体会庄子的情绪。

第二层逻辑推理对话，惠施又认为庄子不是鱼，所以认定庄子不能够体会鱼之乐，表面上看惠施是逻辑推理的胜利者，却一不小心掉进了自己预设的陷阱中。因为当庄子用“你又不是我，你怎么知道我不知道鱼是快乐的呢？”来回答惠施“你又不是鱼，你怎么知道鱼是快乐的呢？”这一问题时，惠施就陷进了他自己预设的人与鱼、人与人之间不能情感互通的陷阱里了。

其实，庄子最后的发言才是对话逻辑思维的重点：“我怎么知道鱼是快乐的呢？就是在这濠梁之上感悟到的。”在庄子看来，人与鱼、人与人之间是可以相互感受彼此的情感、意志的。世间万物都是共通的，人类作为认识主体是能够认识外在事物的感情、意志的。同时，人类也不能因为作为认识主体而忽略客体的存在。总的来说，庄子在认识论中支持的是相对主义，他从万物皆顺于“道”的层面上去认识，在一定程度上也否定了人类过于主观的认识态度。

只可意会不可言传

春秋时期，五霸之一的齐桓公正在堂上专心地看古代经典。堂下，一个名叫轮扁的老木匠在做车轮。

轮扁修了一会儿，抬头看见齐桓公正在专心致志地读书，便放下手中的木匠工具，好奇地说：“请问，大王您读的是什么书啊？”

齐桓公拿起书，说：“我读的是圣人写的书。”

轮扁点点头，又问：“写这些书的圣人现在还活在世上吗？”

齐桓公摇摇头，叹息道：“他们早就死了。”

轮扁笑笑，说：“既然写这些书的圣人早就死了，那么您现在所读的只不过是那些死了的人留下的糟粕，您有必要这么专心致志吗？”

齐桓公听了这些话，十分气恼，说：“我坐在堂上，读的是古代圣人留下的经典，你一个做车轮子的木匠有什么资格来评判？今天你给我说出个理由，说不出道理来我就治你死罪。”

轮扁赶忙拱手，解释说：“大王请息怒，我说那些话没有半分不尊重您，自然也不是故意要诋毁古代的圣人。我现在就以我多年做车轮子的经验来说说其中的道理吧：做车轮子是一件细致、微妙的活计，得从砍木头说起，而这砍木头也是技术活。慢了，做出来的车轮就会松软而不坚固；快了，又会滞涩而难以嵌入。所以，我们砍木头时要恰到好处，不慢不快，久而久之，便会得心应手，领会其中奥妙。但是大王，像这种奥妙是不能口口相传的，只能自己用心感悟，勤加练习才能领会。我没办法把这样的绝技传授给我的儿子，我的儿子从我这里学到的只是一些技能，而学不到真正的绝技。您看，我今年都70岁了，不是还没有找到合适的接班人吗？要不大王怎么还能让我这样的老朽来做轮子呢？由于找不到接班人，只好还在这里为大王做车轮子。所以说大王，您现在读的是已经死去的圣人的书，只是圣人写下的技能，并不能读出其中的奥妙来，那这书不就是糟粕吗？”

这个故事记载在《庄子·天道》中，它讲了言传和意会的道理，也就是庄子主张的言和意之间的关系。庄子认为，言是死的，人的意，即思想意识是活的。这“意”十分微妙、丰富，不是一言半句的“言”就能概括得了的。

以现代的哲学观点来看，庄子的“言意关系论”局限性很大，他将人的语言与思想意识分割开来，否定了语言存在的必要性，也低估了语言的表达能力有多广大。再从另一个方面来看，庄子也肯定了语言作为中介的作用，只是人的思想意识有时是语言不能表达的。能有这种哲学思辨意识，足以证明庄子的伟大。

人生本来迷茫?

《庄子·齐物论》：一天，南郭子綦靠椅而坐，对着天深深地叹息，那神情十分沮丧，就像丢了魂一样。

弟子在庄子旁边垂手而立，不解地问："先生，您为什么这样长叹？难道人之形体真的可以像槁木，心也可以变成死灰一样吗？现在我眼前靠椅而坐者，难道不是从前那个靠椅而坐的人了吗？"

南郭子綦点点头，说："问得好！现如今，我迷失了自我，你明白我的意思吗？"

弟子道："自我是什么？弟子愚钝，不太明白。"

南郭子綦对弟子说："天下万物，都是相对的。没有彼就没有此，没有你就没有我，这就是'相反相成'；但，究竟是谁促使世界变成这样的？是冥冥之中的'道'吗？话说回来，'道'又是什么样子？骨骼、五脏六腑，这身上一应俱全，那自我究竟是什么？比如，那些我觉得亲近的人，是喜欢他们，还是有所偏爱？那么百骸九窍、五脏六腑它们彼此有臣属关系吗？如果都是臣，那这些臣之间到底靠什么来相互制约呢？它们是一切平等，还是轮流为君呢？难道它们中间就没有真的君吗？唉，人在生之初，接受精气，促成形体，在这一生中又不知不觉耗尽了精力。人这样天天与外物争斗摩擦，精神像马飞奔一样耗尽，然而自己却不能轻易将它停止，不是太可悲了吗？看我们这一生，终身忙碌却又看不见成功，颓然疲役而不知归宿，你不觉得悲哀吗？想象一下，虽然身体不死，对我们又有什么好处？精神、心神随着身体消亡，那才是大悲哀呀！人的一生，从匆匆来到这个世界开始，就会一直这样茫然吗？又或者是只有我觉得迷茫？"

忘物忘己

沙漠有半瓶水，悲观的人感叹：“怎么只剩下半瓶了？”而乐观的人欢呼：“还剩半瓶水呢！”如果一个人极度悲观厌世，他是永远看不见未来的光明的。《庄子》中有些看似达观的关于生死的观点阐述，但庄子本人的人生态度是十分消极的。

庄子想摆脱世俗的束缚，丢掉人间的苦恼与忧愁，不去思考那些富贵贫贱的等级划分。庄子追求的是一种绝对的精神自由，向往那种顺应自然的自由、精神上的快活。

当年，楚国国王听说庄子很有才华，便特意派使者带着钱财聘请庄子做楚国的宰相。但是，庄子却将使臣奚落一番后赶走了。

惠施是庄子的朋友，但在他们成为朋友之前，还发生过一次小辩论呢。

当时惠施是梁国的宰相，庄子经过梁国，惠施因为庄子的才华比自己高，选择悄悄躲藏起来。

后来，他们成了朋友，庄子讽刺惠施说：“你听说过凤凰吗？传说，凤凰每天从南海起飞，在北海降落。这一路，它只是在天空飞翔，除非找到了一棵梧桐，才会落下来休息；这一路它对吃的也有要求，除非找到练实（竹籽）才会吃一点，凤凰高贵得很。一天，凤凰正在树林里找梧桐，它的彩色翅膀从一棵大树的上空掠过，结果吓坏了正在树上抱着死老鼠的雀鹰，它还以为凤凰要来抢夺它的死老鼠呢！”

庄子用这个有趣的寓言故事向惠施表明了自己不为利禄所动的品质。庄子自比为凤凰，惠施则成了庄子口中的雀鹰，而那个人人羡慕的宰相之位，则成了这个故事中的死老鼠。庄子一生都没有出仕做高官，因为庄周想忘记人世的一切，达到“忘物忘己”的最高境界——不悦生，不厌死，天道自由。

一次，庄子与惠子探讨“情”的问题。

惠子问庄子：“人是无情的吗？”

庄子说：“是的。”

惠子说：“身为人却无情，还能称之为人吗？”

庄子说：“道和天给予了人形神，怎么就不能称为人呢？”

惠子说：“既然称之为人，怎么就能够无情呢？”

庄子说：“我说的无情与你说的无情并不是一回事。我说的无情，是指人不应该因为外物的好恶影响自己的身心健康。”

庄子提倡无情，但本质仍然是无我、忘我。如果我们将自己的心神放在外物上，因为外物的变化而影响自己的喜怒哀乐，只能让自己心神受损。只有保证无我、忘我，不因为外在事物影响自己，才能够达到真正的平静。

《庄子》中的智慧

《庄子》中的奇妙寓言和生动词语经过长久的口口相传，已经有很多成为脍炙人口的成语，这些成语或讲明一个道理，或表达一种思想，抑或只是说出一种现象。在长期的应用中，不同的人，处在不同的社会，都有自己的解读方法，这便是成语的秘密。

白驹过隙、藏舟于壑、善始善终、满坑满谷、吐故纳新、虚与委蛇、每况愈下、鲁莽灭裂、得鱼忘筌、得意忘言、捉襟见肘、无病自灸、分庭抗礼、大而无当、不近人情、求之不得、孟浪之言、莫逆之交、一曲之士、井蛙之见、栩栩如生、游刃有余、踌躇满志、管窥锥指、傥来之物、大方之家、相濡以沫、用心若镜、水静烛眉、不可言传、绠短汲深、呆若木鸡、得心应手、望洋兴叹、送往迎来、薪尽火传、安时处顺、目击道存、亦步亦趋、推舟于陆、东施效颦、劳而无功、终其天年、鹏程万里、越俎代庖、大相径庭、槁木死灰、朝三暮四、不见全牛、山木自寇、膏火自煎、肝胆楚越、褚小怀大、失之交臂、

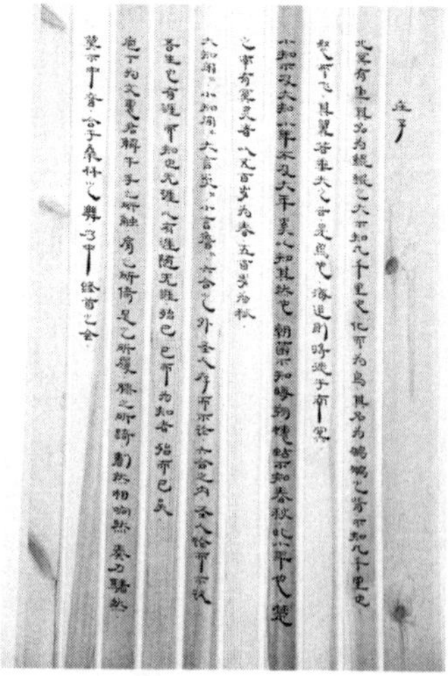

▲《庄子》（竹简版）

天高地厚、刃发若新、螳臂当车……

除四字成语外，还有一些多字的成语更是新奇有趣，常常被人们引用：夏虫不可语冰、化腐朽为神奇、哀莫大于心死、索我于枯鱼之肆；姑妄言之，姑妄听之；身在江海之上，心居魏阙之下；君子之交淡如水，小人之交甘如醴……

髑髅的快乐

有一天，庄子到楚国出游，看到一具髑髅（即骷髅）倒在路边，他走到髑髅边上，不由心发感叹。

庄子敲打着髑髅头骨说：“你这样躺在路边，是因为贪欲过多，做了伤天害理的事呢，还是遇到了国破家亡，死于刀兵之下呢？是不是行了不善之事，自觉对不起父母妻子，含羞自尽了呢？是不是忍受不了凄惨的生活，冻饿而死了呢？是不是我想得不对，你只不过是年寿已尽而死呢？”

说完，他就枕着髑髅睡着了，到了半夜，髑髅出现在了庄子的梦中，对庄子说：“听你说话的语气像一个辩士，再细细品你说的话全是生者之累，现在我死了，也就没有这些忧愁了，你想听听死后的好处吗？”

庄子点点头，说：“当然。”

髑髅说：“好的。死了以后，就没有君臣的礼节束缚；也没有四时中无穷的烦忧事的侵扰。死了之后，天下只有舒服的春秋，哪怕是做帝王的，快乐也不过如此吧！”

庄子觉得不可信，又追问：“假使我能让主管生命的神重新给你一次生命，重生形质肌肤，并且将你的父母、妻子和熟悉的人一同带给你，那你愿意还阳吗？”

谁知髑髅却深深地皱着眉头说：“我怎么能放弃这君王一般的快乐而重新去承受人世间的劳苦呢？”

这个故事出自《庄子·至乐》，人总是这样，会对离去生出很多感慨，庄子虽然崇尚的是自然无为之“道”，看透生与死只不过是轮回，也主张跳到世外观世界，但是，看到死亡他还是发出了一连串的追问。从这一点出发，更容易看到一个有血有肉的庄子，虽然对人生看得透彻，也终究是世俗中的一人。

由此看来，庄子在追随道家无为的思想之外，他的观点与儒家的入世态度和价值标准也是有些许相似之处的。也可以这样看，庄子给自己赋予了一个角色，发出自问自答的设问，看似是对髑髅的询问，其实是要表达自己对髑髅的谴责，在感慨中品味“生人之累”的味道。也可以说，这具髑髅是要给这位“知生不知死”的“辩士”补上“死之说”这一课。

在这具髑髅看来，天地间最快乐的事莫过于死。一位死者，再也不用承担上忠君、下恤臣的义务，再也不用穷于应付各种社会事务和礼节仪式的烦恼。人死之后，才真正地过上了无忧无虑、安危都顺从天地自然变化的生活。哪怕是那些在人世间至高无上的君王，他的快乐不也是向往无拘无束吗？

君主之乐是庄子主张的，他认为君主的快乐是超脱高境界的快乐，因为这种快乐从来不会受任何人和事的束缚。因为这种至高的权位，君主拥有了常人体会不到的快乐。可是在髑髅看来，他现在过的日子不也是不受束缚，如君主般的日子吗？这便是髑髅之乐。

圣人不死，大盗不止

庄子的思想中，虽然有一部分与儒家学说相似，但从根本上，他是不太赞同儒家学说的。在《庄子·外物》中，他便用一个大儒小儒挖坟的故事来讽刺儒家学说。

小儒与大儒相约前去偷挖坟墓，小儒在下面挖着，大儒在地面上催促说：“你这动作太慢了，太阳都快出来了，你还没有挖到吗？”

小儒在坟里回答：“你等下，我还没解下尸体的衣裙，她嘴里含着珍珠呢。《诗经》（这里指孔子所编订版本之外的逸诗）不是说过：‘青青之麦，生于陵陂。生不布施，死何含珠为？’”

说完，小儒一把拽住尸体的鬓发，然后用手肘压下她的下巴，用铁锤敲尸骨的面颊，“当，当，当”几下后，尸骨的嘴巴被震开了，珍珠一点没损坏地从嘴里掉了出来。

这就是人们所说的“儒以《诗》《礼》发冢”，意思就是人们利用儒家《诗》《礼》等经典作为指南来挖坟掘墓。故事虽然是编出来的，但足以看出庄子对儒家学说中伪善部分的讽刺。

庄子对此的评论是：“人们为了防备盗贼撬箱开柜偷东西，就选择把箱柜绑得紧紧的，拿锁锁得严严的，以为这是最保险的做法，也会为自己的聪明而得意。但是，想一下，如果大盗贼来了呢，那肯定是连箱带柜一起扛走了，你捆得再结实，箱柜都没了，有什么用？捆得结实盗贼扛起来反而更便捷，那么你原以为聪明的方法，不正是帮盗贼保管财富吗？看世间，不仅仅是所谓的聪明人替大盗积累财富，那些所谓的圣人，简直就是替大盗做了保管呀！”

接着，庄子又以齐国为例，说："齐国当年国力强盛，大小城镇一个接一个，百姓上山打猎，下海捕鱼，到地里耕种，齐国的疆土大约有方圆2000多里。这样富有的土地上，建立的宗庙社稷，设置的州邑乡里，人们不都是在效法圣人那一套治国办法吗？

"后来田成子杀了齐国国君，篡夺了政权，试想一下，田成子这种行为难道只是盗取了齐国吗？不是的，他是连同圣人的仁义礼法也一起盗窃去了。所以，人们虽然感觉田成子是一个窃国的盗贼，但他的生活还是如帝王般安逸。小国因齐国国力强盛不敢招惹他，大国也因齐国地域广阔而不敢征讨。

"就这样，田成子一直占有齐国，传了12代。这难道不是说田成子盗窃的不只是齐国，还有圣人的治国之法吗？换句话说，不正是圣人的治国之法来保护了田成子这样的盗贼吗？"

庄子站出事外，反观事件，不由得发出愤慨："圣人不死，大盗不止！很多圣人都是双面的，君王用圣人之法治理天下，而大盗也因圣人之法而成倍地增加收益。这就如，圣人发明斗、斛来量东西，那么大盗就会连斗斛一起偷走；圣人发明秤来称东西，大盗就会连秤一起偷走；圣人发明契约、印章来保证信用，大盗就会连契约、印章一起偷走；圣人发明仁义来矫正世风，大盗就连仁义一起偷走。我的这些话要如何证明？请看下这个世间，如果你是偷了衣带钩的小盗，就有可能被杀头，但是，那些偷了国的人，现在哪一个不是王侯将相？且看那王侯将相的大门上，不正写着圣人的仁义道德吗？"

“真人”的境界

一天，庄子与弟子相对而坐，商讨问题。

弟子问庄子：“我们怎样才算懂了大道呢？”

庄子说：“懂了道的人一定通达于理，通达于理的人一定要明白权变，明白权变的人就不会受到外物的伤害。一个懂得大道的人就是至德的人，他入火不觉热，沉水不能溺，寒暑不能害，禽兽不能伤……因为他能明察安危，安于祸福，谨于去就，所以根本没有伤害得了他的东西。”

弟子问：“那这世间真的有至德之人存在吗？”

庄子说：“有呀，比如孔子。”

弟子问：“为什么？”

庄子说：“孔子周游列国，推行仁义，虽然到处碰壁，但他还是坚持不懈。他那种忧国忧民的心境，令人钦佩，可歌可泣。”

接着，庄子给弟子讲了一个孔子的故事：

孔子到匡地游说，突然遇到了卫国兵士，将他层层包围。但是，孔子还是弹起了琴，高声唱歌，一脸满不在乎的样子。

子路拜见孔子，问：“老师，您有什么可乐的呢？”

孔子说：“过来，我告诉你。我从很早就不喜欢贫穷，但还是免不了穷困潦倒，这是命运给我的，无法改变；我也早就向往腾达，但是现在还是没有得到富贵，那也是命运限制的，我也没办法。当年，尧舜一统天下的时候，世上没有穷人，这是不明智的说法；当桀纣当政的时候，天下没有通达的人，这也不是因为所有人都失掉了明智，其实都是时势使然。就好比，在水中行进却不避蛟龙，这就是渔夫之勇；在陆上行走不避狮虎，这就是猎人之勇；刀架在脖子上，视死若生，这就是烈士之勇；能够明白穷之有命，知通之有时，面临大难也不惧怕，这就是圣人之勇呀！仲由，过来，你也随我坐下。我的命运自有老天安排！”

不一会儿，一位身披铠甲的人走过来，拱手向孔子道歉：“先生，对不起，让您受惊了，我们以为是阳虎，所以包围起来。现在才明白是先生，我们马上就撤退。”

庄子讲完故事，对弟子说：“孔子才是真的通达权变的至德之人啊！”

什么是真正的快乐

一天，弟子问庄子：“先生，您一向乐观大度，但是为什么今天要唱这种悲歌呢？您在哀叹什么呢？”

庄子回答说：“你说天底下会有至乐的地方吗？有养生健身的诀窍没有？我现在身处乱世，做什么是应该的，什么是不应该的？住在哪里才能安居，逃到哪里才能不再遇凶险呢？依靠什么才最可靠，丢掉什么才会无忧无虑呢？喜欢什么是合情合理的，不喜欢什么才会不起祸端呢？”

弟子想了想，回答说：“现在天下所推崇的是富贵、长寿、美丽；天下喜好的是身安、厚味、美色、美服、音乐；天下都会鄙弃的是贫贱、病夭、丑陋；天下人都会苦恼的，是身不得安逸、口不得厚味、身不得美服、眼不得好色、耳不得好音乐。我所说的这些，不就是平凡人的好恶避就、养生全身的道理吗？先生，您觉得是不是？”

庄子回答说：“假如这些不能如愿，就会大忧而惧，这样去对待生命，难道不是很愚蠢的吗？试想下，那些贪图钱财的人，整日辛苦劳作，积财很多，但是他的这一生都用不完，他的养生之法是知外而不知内；那些贪图身份高贵、地位崇高的人，夜以继日，思虑好坏，他的养生之法是知密而不知疏。我这一生呀，与忧一起出生，长寿的人到老了昏昏沉沉，久处于忧中而不能死去，这又是何苦呢？他的养生之法是知远而不知近。”

弟子更觉得疑惑了，问：“先生的意思是说富贵、长寿等都是外在的东西，都不是真正的养生吗？”

庄子点点头，说：“对，你看，天下所称赞的烈士，没有保全己身，那你说他们得到的是好的结果还是坏的结果呢？如若说这是好的，但他却连自身都保全不了；如果说这不是好的，但是他却保全了别人。古人曾经说过，忠谏不听，则闭口莫争。当年伍子胥忠谏强争，结果被吴王害了性命；假如伍子胥不去强争，又怎么能成就了他的忠臣之名？如果让你说，怎样的行为才是好的呢？”

弟子好像悟到了什么，说：“先生的意思是名可害生，追求美名不是真正的养生之道？”

庄子没有回答弟子的问题，继续说：“如今这世间，世俗之所做与所乐者，我也不知他的乐果真是乐，果真不乐？在我看来，这些世俗之所乐，只不过是世间的人们群起而追的时髦，蜂拥而上的样子就像被鞭子追赶的羊，扬扬自得而不知何求，都自以为乐，我也不知是否真乐。但是，让我说，那些无为恬淡才是真乐，但世俗却看不上这种乐，还以为这是苦楚。”

弟子点点头，说：“我明白了。先生认为，至乐无乐，至誉无誉。”

庄子这才肯定了弟子的说法：“对，对！无乐方为至乐，无为方可保命。天底下的是非因果都没有定论。但是，无为是可以定论是非的。至乐活身，无为可以保命。你看这个世界，天无为而自清，地无为而自运。这天地两两相合，万物便都生于其间。惚惚恍恍，不知所由；恍恍惚惚，不知所出；万物纷纭，皆从无为而生。所以，天地无为而无不为，世俗的人是无法体会到其中之乐的。”

知子莫若父

陶朱公范蠡有三个儿子，最小的儿子是范蠡在陶时所生。当年，陶朱公的次子杀了人，楚国将其关押了起来。

陶朱公说："杀人是必须偿命的，这点我无话可说，但是，听说如果有千金的话，孩子可以不公开处死。"

于是，他准备好千金，让小儿子去找自己的好友庄生通融，大儿子听说后，找到陶朱公，说："父亲，您现在让小儿子去，不让大儿子去，父亲一定认为我是个不肖的儿子吧。"大儿子越说越委屈，打算要自杀。

陶夫人看到这样的情形，劝说陶朱公不能这样行事。陶朱公无奈，只得让大儿子去，并附信一封，叫他交给自己过去的好友庄生，说："到了把礼金送上，然后一切客随主便，不要与他争辩。"

大儿子答应下来，到了庄生那里，一切按照父亲的吩咐去做了。

庄生说："你呀，赶快回去，不要在这里停留太久，哪怕到时你弟弟没有死，被放出来，也千万不要打听原因是什么。"

大儿子嘴上答应了，可是并没有按庄生的吩咐回去，他偷偷地住在楚贵人那里，等待着结果。

庄生素来以廉洁耿直著称，楚王以下的大臣们无一不把庄生奉为老师，大家都非常尊重他。陶朱公派人送来的千金之礼，庄生根本没有想留下来，因为是朋友，他准备办完事情后再将千金还给陶

▲ 范蠡画像

朱公。庄生想，如果不收金那么陶朱公一定更加担心，所以现在暂时收下，只不过是作为信守承诺的证据罢了。

但是，陶朱公的大儿子可不是这么想的，他以为庄生是贪财之人。

过了几天，庄生觉得时机可以了，便找了个理由觐见楚王，庄生说："臣夜观天象，发现一象所示有不利于楚国的事情发生，现在要消灾的办法就是做一些好事。"

楚王很信任庄生，于是就命人封住三钱之府，准备大赦天下。

楚贵人欣喜地将此喜讯告诉了陶朱公的大儿子，他听到这个消息后，心想：天子大赦天下，那到时兄弟不就会被放出来了吗？那父亲的千金不也白白送给庄生了？

陶朱公的大儿子越想心里越觉得不公平，于是，他跑去拜见庄生，打算要回金子。

庄生一见大公子，吃惊地问："你为什么到现在还没有离开？"

大公子说："我听说楚王要大赦天下，那我弟弟就要被放出来了，所以我是来向您辞行的。"

庄生看到大公子的表情，虽然没有直接开口，但庄生还是明白，便拿出了原封未动的千金还给了他。

庄生虽然也没打算要陶朱公的千金，可是陶朱公长子这种行为，让庄生感到受了奇耻大辱。于是，他又去觐见楚王说："大王，您大赦是为了修德去凶，但我听百姓们说，陶地的富翁陶朱公的儿子杀了人，被囚在楚。他们家里就用金钱来贿赂楚王左右的人，现在满城都在说楚王大赦天下，并不是为了天象之说，而是因为受了陶朱公的好处，为了他一个人。”

楚王听了庄生的话，勃然大怒，便先处死陶朱公的儿子，然后才下了大赦令。

陶公子的大儿子正在等着弟弟出狱，结果收到了弟弟的死亡通知，他十分伤心赶快回到家中。

他将死亡通知禀报给母亲时，母亲悲痛欲绝，乡邻也都跟着伤心，只有陶朱公看起来并无意外。

当人们问他原因，陶朱公说：“当年，我想让你三弟去，并不是觉得你不孝顺，而是我知道你一定会害死你的弟弟。当然，你肯定也不是要故意害死他，只是我们这家业是你从小与我一起创下的，你尝尽了生活的艰辛，便会更加看重钱财。你三弟从一出生就过着富裕的生活，他从来不知道钱财是多么贵重的东西。所以，当初我

▲ 范蠡纪念馆

决定让他去，因为他能舍财。你却争着要去，你哪能轻易地将钱财舍出去呀？但不舍钱财又如何救得了你的二弟呢？现在，你将消息带回来，我并不奇怪，你呀，终究是杀了你的弟弟。”

君子儒与小人儒

在中国古代，一些通晓礼仪规范，并且在贵族人家祭祀行礼时充当司仪的人，被称为“儒”，他们一般须通过“三才”及阴阳之道的测试，然后才能成为真正的“儒”。

从夏代起，中国就已经形成了一套礼仪制度。在封建社会中，这些礼仪制度存在的目的大多是把人们的行为约束在一定的规范之内，从而保持社会等级秩序的稳定。而且，百姓在这一整套完整礼仪制度的约束下，很多行为都在规范的范围内，这对培养人们形成自觉遵守社会秩序的习惯是很有帮助的。

中国古代最重要的事便是祭祀神祇和战争，而这一套近乎完整的礼仪制度的主要内容，就是为了祭祀神祇而制定的。从周代开始，祭祀的礼仪就已经发展得非常完备了，也可以说是相当烦琐。因此，便需要专门的人来掌握它们的流程，且在祭祀的时候将整个流程顺利地推进。于是，“儒”便产生了。

作为礼仪制度中的重要人物，“儒”不仅要懂得行礼时的仪式流程，还要明白每个流程存在的意义和作用，这便是“礼中之道”。

春秋末期，重礼之风范围更广，以孔子为中心的一批学者，便开始了办学授徒，他们一起整理和研究古代典籍，关心国家大事。道家和墨家都称孔子一派为儒者，墨子还经常讥讽儒家，他曾用“富人有丧，乃大悦，喜曰：此衣食之端也”来讽刺儒家的学者们，意思是有钱的人家里有了丧事，是需要一整套祭祀礼仪的，“儒”们便会高兴地说：“这就是吃饭穿衣的来源。”虽然墨子有讽刺之意，但还是客观地反映了当时的一些情况。

本来，“儒”应该是社会中最有文化、最有知识和最有道德的，但是这种风气实在令人厌恶。其实，孔子早就意识到了这一点，所以他曾怕人们把“儒”和“儒者”混为一谈，特意做了区分，还告诫自己的学生：“女（汝）为君子儒，无为小人儒。”

显然，孔子也不赞成一些“儒”，称他们为“小人儒”，而儒家学派的人都称自己为君子儒。

儒学是否可以称为“儒教”

儒家学派，简称“儒学”，由孔子创立。当时，它存在的最主要意义就是对经典做解释，或者说它是一门解释经典的学问。这些经典，是在春秋时期以前已经存在于世，无论是对君王治国，还是对百姓治家都有一定意义的书籍。这些经典一般说来有六部，即“六经”（《诗经》《尚书》《仪礼》《乐经》《易经》《春秋》）。

当时，孔子最完整地继承了传统文化，最完整地领略到了其中的精华。于是，他便对这些经典重新注解，使后人对传统文化和传统思想理解得更加清楚、透彻。此后，便形成了以他为代表的儒家学派和以他的思想为代表的儒家学说。

孔子离世后，人们尊其为圣人，也正因此，后世人们便以为这些经典都为孔子所著，也有人认为是孔子口传心授之后，由弟子整理成册。因此，便有了《论语》《礼记》《孝经》。

儒家学派的另一个重要人物是孟子，孟子离世后，被尊为圣人，《孟子》也是儒家经典。

除此之外，《周礼》本是之前就存在的，孔子也做了解释，因此被很多儒家学者奉为经典。

其实，解释经典是儒学的基本内容，他们解释之后也在命名时表明了这一特征：直接解释的经典最初被称为“传”，后来又有“注”“疏”等。

由此看来，儒家学说的确是继承了当时中国传统文化的精华，因此后来才会被很多王朝用作统治国家的重要思想而延续下来。

问题是，因儒学在精神方面统治了人们几千年，是不是就可以将“儒学”称为“儒教”了呢？这个问题困扰了很多学者，至今仍有纷争。

赞同的一方认为，儒学几千年来，早已经与中国古代的国家宗教无异，这个宗教的神灵系统是中国传统宗教的延续，而孔子所创立的儒家学说就是重要的宗教教义。儒教把天作为至上神，但是儒家的天与道家的天或者其他学说的天又不同，儒家是有自己的宗教组织的。当时，国家曾设立专门负责祭祀的机构——“太常”或“奉常”，也就是后来的“礼部”。

儒家思想告诉大家，君王便是天子，即天帝的儿子。天子由天帝根据他们的德行而加以任免，而天子便根据臣子的德行来任免官吏。当时，官吏大多由儒者担任。

从这些特征来看，儒家的思想统治已经具备一个宗教的特征了。所以，人们认为汉武帝把儒学定为国家的指导思想，已经标志了儒教的诞生；1911年辛亥革命后建立了民主共和国，人们开始清醒地认识这个社会，国家又取消了对上帝鬼神的祭祀，此时儒教就瓦解了。

当然，还有一些声音是不赞同这一说法的，他们认为古代的中国是没有宗教的国家。不同的声音、不同的认识，是现代人的认识特点所导致的。至于儒家是否可以被称为“儒教”，后世人还在继续争论之中。

儒家八派

儒家学派是以解释经典为重点知识的学派，但是在韩非子看来，儒家学派并非只有一种思想统领，而是分为了八个派别。韩非子的观点虽然没有得到学术界的认可，但从韩非子的划分中可以看出，在孔子离世后，战国初年以至战国末年儒学的大概情况。

第一，子张学派。传说孔子弟子3000，有72贤，子张便是孔子最年轻的学生之一。不过，孔子不是很喜欢这个学生。

子张是孔子弟子中少有的、乐于参与一些与政治相关的事情的人，他出身低微，且在年少时犯了罪，拜师孔子后才开始走向改邪归正的道路，后来成为儒家学派中比较有名的人。

从一些历史资料来看，孔子对子张是有很大意见的，他觉得子张的精神境界并不高，在读荀子的文章时，不难发现荀子文章中的"贱儒"指的就是子张。但是，到了战国时期，从后世对他的评价来看，他的后学显然已成为一个很大的学派。

第二，子思派，代表人物曾参、子思，都被尊为圣人。子思是孔子的孙子，他跟随孔子最年轻的弟子之一——曾参学习。传说，他读的《大学》和《孝经》两部著作都是曾参从孔子那里继承下来的。后来，子思又根据传授创作了《中庸》。

宋代儒家学者整理了"四书"，《大学》《中庸》就被纳入其中。可见，子思这一学派到宋代正式兴起，对后世的影响很大。孔子死后，后人建宗庙祭祀，在孔子的宗庙中共有五人一同与孔子享受祭祀，这种待遇被称为“配享”，曾参和子思便位列其中。

第三，颜回派。颜回在《论语》中多次出现，从很多对话都能看出孔子很喜欢颜回，他是孔子亲自认定的最好的学生。

孔子曾经这样赞赏颜回：“一箪食，一瓢饮，在陋巷，人不堪其忧，回也不改其乐。”孔子觉得颜回的生活已经达到了一种境界，饮食简单还身居陋巷，这种人人都过不了的苦日子，颜回却自得其乐。后来，颜回英年早逝，孔子听说后十分悲痛。

第四，孟子派。孟子是后世所传儒学中，继孔子之后的另一重要人物。从宋代开始，人们通过研究发现，孟子的老师或老师的老师很有可能就是子思，所以便有人把孟子和子思看作一派。现在看来，《孟子》和《中庸》在思想上的确有很多相似之处。但历史无法考证，韩非子还是将孟子单列成了一派。

第五，漆雕氏派。在孔门弟子中有三漆雕，即漆雕开、漆雕哆、漆雕徒父，那么究竟这漆雕派具体指的是哪一个人物的思想，就不得而知了。相比而言，漆雕开的学说更具有传世的特点，他提倡人们莫畏权势，也不要欺侮弱者，做人要行得正、做得端，遇事要勇敢。

第六，乐正派。有些人觉得乐正是指曾参的弟子乐正子春；也有人认为乐正指的是孟子的弟子乐正克。至于乐正到底指谁，历史没有给出明晰的答案，留下的也只是一个派别。

第七，仲良派。仲良派的情况到目前为止也没有详细的记载，在已发现的文献中，根本没有叫仲良的人物，而且翻遍古籍也没有发现哪一位名为仲良的人出自孔门。

第八，孙派。和仲良一样，遍寻古籍也没发现孔子的弟子中有一位孙氏。但是，梁启超、郭沫若等人认为指的是荀卿。因为荀卿又可称孙卿，但这一说法并没有得到多数学者的认可，毕竟还有些牵强。

韩非子将儒家学派分成八派，实际上，孔子去世后，儒家分化的情况十分复杂。翻阅荀子的记录会发现，除以上的八派，子夏派、子游派、子弓派等派别也出现在了后世的资料中。当然，这些学派的代表人物都是孔子的弟子，学说的主脉继承的也是孔子的基本思想。

儒学一二三

儒家的学说有很多，如：德政说、仁政说、大同说、公羊三世说、性善说、性恶说、性三品说、气质之性说、与天地参说、天人感应说、天道自然说、天人交相胜说、天人合一说、以无为本说、天理人欲说、主静说、主敬说、致良知说、知行合一说、本末论、体用论、理气论、常变论、动静论、生死论、经学、谶纬之学、玄学、理说、心学、经世之学、现代儒学研究等。

儒家学派有很多经典之作，如《诗经》《尚书》《周易》《礼记》《春秋》《左传》《公羊传》《穀梁传》《孝经》《论语》《孟子》《荀子》《大学》《中庸》《春秋繁露》《四书章句集注》等。

除孔子作注解而留下的一部分经典外，还有一些为孔子的弟子，或者儒家学派的主要代表人物所著，他们有孟子、荀子，后世的学者董仲舒、扬雄、王充、王弼、韩愈、柳宗元、王安石、周敦颐、程颢、程颐、朱熹、陆九渊、王守仁、黄宗羲、王夫之、顾炎武、康有为等。

儒家学派的派别，除之前提到的八派及弟子的派别之外，宋朝以后还出现了很多，最主要的有如下几个：以周敦颐为代表的濂学派、以张载为代表的关学派、以二程为代表的洛学派、以朱熹为代表的闽学派、以王艮为代表的泰州学派、以东林党为代表的东林学派，还有清朝时期，从乾隆年间到嘉庆年间儒学的主要学派——乾嘉学派。

儒家的修炼方式

很多流派的修炼都是为了跳出世界之外，宏观地看这个世界，而儒家修炼的目的则不同，儒家是为了能够更加积极地参与到治国中去。所以他们修炼的方式一般会将正常的生活、道德修养和练功融为一体。关于儒家功的内容与方法，在记录孔子言行的《论语》、孟子的《孟子》和荀况的《荀子》等儒家经典著作中都有所体现，后世人称这种修炼方法为“儒家功”。

《大学》中对儒家功的记载为：“古之欲明明德于天下者，先治其国；欲治其国者，先齐其家；欲齐其家者，先修其身；欲修其身者，先正其心；欲正其心者，先诚其意；欲诚其意者，先致其知，致知在格物，物格而后知至。”意思是，从古代开始，天下明德的人都会先考虑治国之法；想要懂得治国之道，就要先将其家中的事处理妥当；想要理清家中事，就要先增加自身的修养；想要修炼自己就要端正心思；想要端正心思，就必须要有诚意；想要有诚意，就必须先具有知识，提高认识，弄清事物的本质，认识了事物的本质之后才会获得知识。这便是儒家的修身之法，也是儒学中三纲八目的内容所在。三纲指的是明明德、亲民、止于至善，而八目就是指“格物、致知、诚意、正心、修身、齐家、治国、平天下”。

据史料记载，孔子曾两次被鲁国驱逐。他身居宋国之时，司马桓魋曾砍倒大树对他进行威胁。后来到了卫国，又被错抓入狱。孔子在陈国和蔡国之间时，又被楚军包围，时间长达七日之久，弟子们饿得有气无力。但是，孔子对此并没有愤恨，反而说："饭疏食饮水，曲肱而枕之，乐亦在其中矣。"粗茶淡饭，没地方安眠，但孔子却能自得其乐，可见他的意志力是很强的，这就是儒家功修炼的成果。

在佛家的思想中，人要跳出红尘，脱离"我执"的束缚；在道家的思想中，人要遵循自然之道，看自我。这些"出世"的思想与儒家正好相反，儒家修炼的目的是更好地"入世"，这也是儒家在中国长达2000余年的封建统治中占有重要地位的根本原因。

儒家功的修炼法则之一为守静。当时的儒家功，不但可以使人不出户而知天下，还能使人延年益寿。孟子在继承孔子守静的理论后，又进一步提出了内观养心养气的功法。

这个功法分为两个阶段：第一阶段是求放心或养夜气。求放心指将心收回，拒绝一切外物的迷惑；养夜气就是把人从子夜到清晨的清明之气存养起来。孟子认为，这段时间的气尚未与外界接触，是格外干净的，将这部分气存起来，就是保养真气。第二阶段是思诚和养浩然之气，思诚就是悟道，养浩然之气就是将"至大至刚"的宇宙元气存养。

在形式上，无论是孔子还是孟子，都是提倡静坐的，后世的儒家学者也都继承了这一形式。比如宋朝的朱熹，他觉得静坐与读书、做学问一样，都是十分重要的事。孔孟的静坐之法并没有留下详细的理论和具体的功法，直到明朝，儒士高攀龙在程朱的理学思想影响下，吸取佛、道两家的功法精华，结合自己的实践经验，总结出了一整套静坐理论。

"静坐之法，不用一毫安排，只平平常，默默静坐。"这便是高攀龙所说的儒家静坐法，看起来平淡朴实，但简单易学，更适合大众。

儒家学派创始人——孔子

孔子，名丘，字仲尼，春秋（前770—前476）末年思想家、教育家。他出身于宋国贵族家庭，宋国是商朝（又称殷朝）的后裔，所以孔子常自称“殷人”。后来，孔子定居鲁国（今山东曲阜），所以现在人们大多称孔子是鲁国人。

孔子幼年时家境很贫困，但他聪明博学，十几岁就通晓了各种礼乐制度。当时，鲁国是周公旦的封地，这位周公旦对周朝有着特殊贡献，所以鲁国被周朝特许，可以使用周天子的方法来祭祀神祇。正是这种得天独厚的外部条件，为孔子学习礼乐文化提供了保障。

少年时，孔子为了养家，做过管理粮库和放牧的工作，后来成了鲁国某地主官。在做主官的一年间，他取得了显著的政绩，被提拔为大司寇，还做了代理宰相。

孔子做宰相的时候，凭借着学问和才智，在会盟中折服了齐国君臣，迫使齐国归还了以前侵占鲁国的土地。

▲ 孔子画像

但是，孔子对鲁国动荡的政局和各派政治力量之间的斗争十分反感，所以他离开了鲁国，开始了自己的游历生涯。

他带着弟子们游历了许多国家，到了周朝天子所在的洛阳，便向当时主管国家图书的老子请教有关礼仪的问题，受益匪浅；他在齐国，齐景公向他请教如何治理国家，此后又到过卫国、陈国、蔡国等国家。这便是后世所称的孔子“周游列国”。

孔子晚年时，认为凭借一己之力使天下归于秩序已是不可能。因此他放弃做官，回到家中专心地教授学生，整理古代典籍。其中包括《尚书》《诗经》，还有根据鲁国史料写成的《春秋》。

人们常说，孔门“弟子三千，贤者七十二”，并不夸张。根据史料记载，孔子一生教授了很多学生，“三”在古汉语中就是“多”的意思，孔子教授弟子从来不贪图钱财，人们只需拿着少量的礼物便可以跟随孔子学习，有的甚至两代人一起跟从孔子学习。

孔子教授的众多弟子中，有 72 位被称作贤人。这些人大多成了各国的大将、宰相或者谋士，孔子的思想也因此对当时及以后国家的政治生活产生了巨大影响。孔子的弟子对他十分尊重，子贡是孔子最优秀的学生之一，在孔子去世后，就在孔子墓旁修建了一个草棚，为孔子守墓六年才离开。其他弟子也为孔子守孝，很多弟子为了怀念他，在他的墓旁安了家。鲁国民众也十分尊敬孔子，他们纷纷效仿孔子的弟子，在孔子墓旁安家，将孔子墓变成了一个新的居住区。

后来，人们也常常来到孔子墓旁演习礼仪，缅怀孔子。

中国古代第一位教师——孔子

孔子年少时致力于政治，到了晚年才专心于学术与教学。即便如此，他在中国历史上的名望依然很大，后世对于孔子，在不同的历史时期也有不同的评价。

孔子生前作为教师声名不显，但是在孔子离世以后，反而备受追捧，成了人们口中的“至圣先师”。从那个时候起，孔子作为教师的名望已经高于其他所有教师了。

公元前2世纪，孔子的地位又被提高，追随他的儒家弟子们觉得孔子是接受天命而来，继周而王。虽然没有真正登上王位，但从理论上来说，他的思想影响了全国各地，他其实与王并无差异。

公元前1世纪，孔子的地位再次得到提高，甚至比九五至尊的王还要高。人们说孔子是活神仙，他生前已经知道将会出现一个汉朝，所以特意在《春秋》中为汉朝树立了一种政治理想。越来越多的人沉浸于儒学经典之中，可以说，到了汉朝中期，儒家学派对人们思想的引领作用已经可与宗教比肩了。

公元1世纪初，越来越多的人认识到儒家学派中神化孔子的部分只是人们的主观想法。比较理性的儒家学者开始化解人们对孔子的神化，停止对“孔子是神”这种说法的痴迷。从那时开始，孔子为神的说法越来越少。不过他“至圣先师”的名望还是不可撼动的。

又过了2000年，时间来到了19世纪末，孔子受天命为王的说法又被提了出来。但随着人们眼界的开阔，某些“神”化说法存活的时间越来越短，随着民国的建立，孔子的身份又恢复如常了。

无论历史怎样变革，孔子的博学是不可否认的。孔子也自称是继承古代文化，并使之垂之永久的人。他生前完成了很多典籍的注解与修订,也给某些古代经典做了新的内容呈现,被称为“至圣先师”。如今，我们仍然在学《论语》，也足以看出孔子的言行及思想对后世的影响。

君君，臣臣，父父，子子

公元前 607 年，晋国的赵穿杀了晋灵公。

公元前 548 年，齐国的崔杼杀了齐庄公。

虽然晋灵公和齐庄公都是极端暴虐的统治者，但是臣子弑君的行为在极重礼教的孔子看来，无疑是犯上作乱，无疑是严重的犯罪。在孔子生活的春秋时期，这种臣弑君、子谋父的情况多有发生，孔子称其为“礼坏乐崩”。他说：“天下太平，周王朝就能按照周礼的权威，掌握全国政治军事的最高权力。现在天下大乱，诸侯大夫都可以不顾周礼的规定，不服从周天子的权威，擅自执掌大权，老百姓也议论纷纷，简直不成体统。”

孔子要求复兴周礼，他对周礼进行了一些修订和补充，主要留下并强调了那些道德教化方面的内容。孔子认为，礼治德化和政令刑罚相辅而行，才有助于治国。那些打算犯上作乱的人，不能等到他们犯错了再惩罚，重要的是在事情没有发生之前，就让人们的思想发生转变。要让他们本能地抗拒不法之事。

因此，孔子想要制止“礼坏乐崩”的情况，就必须让人们知道周礼的威严，宗法等级也必须严格划分，认真执行。只有这样，才能让周礼被人们认可，才能够成为人们思想和行为的准则，也就是孔子想要达成的“正名”。

孔子的弟子问：“您所说的治国之法，最先要做些什么？”

孔子说：“一定是先要正名！”

一位君王在与孔子讨论治国之道时，孔子回答八个字——君君，臣臣，父父，子子。这是伦理纲常，是每个人必须守于心里的最后底线。简单来说，就是君要遵循为君之道；臣要懂得臣子之责；父要明白如何为父；子要知道如何身为人子。

社会中的每个人都有自己的责任和义务，“君”所拥有的“君道”，就是无论从才干还是所作所为，都要是一个实至名归的君王。如若不然，哪怕身为君王，也不配为君。君臣父子，都有其该尽的责任和义务，这便是孔子的正名思想。他期待着恢复年少时就熟识的周礼，将世袭宗法等级制度变回维系社会关系的根本制度。

而立、不惑、知天命

孔子说：“吾十有五而志于学，三十而立，四十而不惑，五十而知天命，六十而耳顺，七十而从心所欲，不逾矩。”这是儒家思想中，一个人在特定的人生阶段应该有的心智发展。

少年时期重在“学”，但这个学不仅是现代意义中的学习、获得知识，而且是《论语》中的“志于道”。除此之外，孔子又以“朝闻道，夕死可矣”来表明志于学的决心。

“三十而立”便是孔子所说的“立于礼”，他认为人到了30岁“不知礼，无以立也”。到了懂礼的年纪就要懂礼，无论是行为还是言语都要十分得当。

过了40之后，不再有“惑”。孔子认为，一个人到了40岁的时候，知识储备量已经达到了一定程度，可以称之为智者了。

人在年轻时往往只会注意到自己的存在价值、人生意义。但过了中年，到了五六十岁的时候，就要顺乎天命了，这也就是孔子所说的“五十而知天命”。到了这个阶段的人，思想已经上升到了一个新的境界，能够看到、超脱道德之外。

所以，孔子50岁以后，深信自己所做的一些事情一定是顺应天命的。在他做事的时候，他也觉得自己是在执行上天的命令。即便受到鲁国的驱逐、卫国的追捕，他也顺应天命，不争不乱。

孔子认为，人认识世界的最高境界就是“七十而从心所欲，不逾矩”。人生七十古来稀，此时无论做什么都是顺乎自然的，他们的行为不会再受外界的指导，这也是圣人思想发展的最高境界。

应该如何学习

孔子弟子众多，他的弟子出师后大多从事政治和教育方面的工作，成为有政绩、有名望的人。孔子的教育对象是“学而知之者”，虽然他没有否认“生而知之者”，但那些生而知之者并不是他教育的主要对象。

孔子认为“上智”和“下愚”是不能够改变的，但从有关孔子的资料来看，孔子从来没有说过哪个人是天生聪颖的。孔子明确表示过，自己也不是生而知之者。所以，天生不足后天来补，他敦促自己不可满足，应该将注意力放在孜孜不倦的学习上。

对于学习，孔子提出了很多好的方法。他提倡勤奋好学、不耻下问的学习态度。还以自己为例，称自己为“发愤忘食，乐以忘忧，不知老之将至”的人。对于学习与谦虚，孔子认为：“三人行，必有我师焉。择其善者而从之，其不善者而改之。”在《论语》中也记载了不少他教育弟子的例子。

有个名叫冉求的学生，因为他“力不足”而不愿学习，也就是说能力不足，即使学了也难学好，那还不如不学。对于冉求的想法，孔子很生气，他说：“能力不足的人，是指走了一半的路就走不下去的。而你呢，还没有开始就放弃努力，这简直就是画地为牢，自我限制。”

冉求是以反面形象出现表达教育意义的例子。但在《论语》中，孔子对颜回就大为赞赏，多是溢美之词。

除此之外，孔子的学习方法还有很多，例如，“学而时习之”“温故而知新”“不愤不启，不悱不发”等。孔子反对死读书，提倡学与思要结合起来，“学而不思则罔，思而不学则殆”“举一反三”“闻一知十”，这些都是孔子留下的学习方法。

孔子年少时忙于征战政治舞台，后半生则将主要精力放在了教育事业上。孔子认为，学诗能使人振奋，学礼能使人被社会认可，学乐能使人的学问得以完成。所以，他以《诗》《书》《礼》《乐》为教材，育“弟子三千”，可以说是德才兼备。

根据现存资料，我们能够发现孔子教学内容的复杂性。简单的做学问并不是孔子想要传授给弟子的，在《论语》中：“子以四教：文、行、忠、信”，即以四项科目教育学生——历代文献的“文”、社会经验的“行”、对待别人的“忠”、与人交往的“信”。由此看来，孔子教学的主要方向还是政治和伦理。不能否认，孔子的教育事业对打破贵族垄断文化教育和贵族世袭官职的局面起到了重要作用。也正因为孔子从事了教育，中国几千年的历史中儒家学派总是能占据主导位置。

大同与小康

年迈的孔子受到邀请，在鲁国祭祀祖宗和百神时做助祭者。祭祀完毕，他登上庙门前的望楼，长长地叹息。

弟子看到孔子的情况，关心地问：“先生，您为什么在此长叹呢？”

孔子说：“我没能够赶上上古那非常美好的时代呀，我的心里对上古时代真是向往至极呀！”

弟子问：“那是一个怎样的时代呢？为何让先生如此向往？”

孔子看向远处，说：“那个时代真是伟大而美好，人人都会遵守原则，人人都会依照原则去做事，人人都把公共利益放在首位，人人都讲究信誉，和他人友好。在那个时代中，人们不仅关爱自己的父母和孩子，也会主动关爱别人的父母和孩子。人到老年，便可享受余下的幸福时光，青年、壮年也都能为社会贡献出自己最大的能力，小孩子们幸福快乐地成长；再看那些失去父母的孤儿、死了配偶的寡妇、丧失儿女的老人和残疾者，他们都可以得到关怀，每个人都不会觉得孤独。男人们心中牢记自己的职责，女人们都能找到心仪的婆家。全社会的财物都是属于自己的，所以不存在随便浪费、肆意挥霍的事情；如果你在这个社会之中，会因为没能给社会做出贡献而遗憾、羞愧。在那样的时代里，没有算计，没有争斗，没有强盗，也没有小偷，夜晚不用关门睡觉，白天出门也不必锁门。这样的社会，才是真正的‘大同’社会呀！”

弟子呆呆地发愣，似乎随着孔子的描述沉浸在了大同的世界中。

孔子继续说：“你看现在这个局面，上古时期伟大与美好的原则谁还去遵守？在这个社会，人人都是为自己而活，为自己的家而努力，对于爱，也仅限于自己的亲人、父母和孩子。看到一些财富就想捞进自己的腰包，即使你看这个人工作再辛苦，他也不是为了社会，而是为了自己。从上到下都是这样的局面。君主们自私地把位置传给自己的孩子和兄弟，怕遇到什么危险就修高高的城池，用坚固的城墙来保护自己不安的内心。以‘礼’作为治理国家的法则，将君臣的职责加以限制，将父子的关系加以约束，这样君臣有序，父子和睦，兄弟友好，夫妻和睦，但这只是表面现象。我们建立了各种制度，用它来区分贫贱，奖励勇敢者和智慧者，盼着这些被奖励的人能为国家建立功勋。也正是这样，谋略产生了，战争兴起了。你看大禹、商汤、周文王、周武王、周成王、周公等人，人人注重礼法，人人都以可行的礼仪标准来约束自己，约束臣民，有功者赏，有过者罚，实行仁义，以礼法作为人们的行为规则，违反规则就会受到惩罚，遭人唾弃。这样的时代，就可以称之为‘小康’。”

在孔子的思想中，大同与小康的社会局面都是稳定的，人民也都是安逸的。只是“大同”社会靠的是人们心中之礼，而“小康”所依靠的是法则。人人都说大同社会好，但那毕竟是一个理想社会，孔子的弟子们也深知，大同社会的状况在当时是不可能实现的。与其空想大同社会，不如帮天子施仁政，将社会达到“小康”。

和同之辩

春秋时期之前，古代的思想家、政治家就曾经对“和”与“同”进行过激烈的讨论。他们认为“和”是让不同因素相互协调，比如烹调时放入的各种调料，且不同的调料有多有少，虽然调料味道不同、多少各异，但做出的食物很美味，这便达到了和的结果；“同”是指所有因素都相同，比如烹调时为了“同”，加了相同的调料，或者各种调料都是一个标准，这样是做不出美味佳肴的。

如何将“和”与“同”放于治国之道中，以君臣关系为例，“和”就是在君主说是的时候，臣子指出其中的非；当君主说非的时候，臣子指出其中的是，以补充君主的不足。君臣提出的观点不同，却能博采众长，以“和”为贵，从而使国家变得更好。那么“同”呢，就是君说是，臣说是；君说非，臣说非。那问题无论如何讨论，最终还是君主的意见，长久下去，国家就会陷入危险的境地。

春秋时期，孔子对“和”与“同”的想法与古人无异，他说：“君子采取的态度是和，小人采取的态度是同。”由此可见，孔子反对“同”，一直到现在，人们采取的还是以“和”为贵，将“和谐”作为共同奋斗的目标。

三纲五常

纲原指渔网上的大绳，与纲相对的是目，目就是渔网上的网眼。举起纲，目才会张开；“常”便是常态，经常的意思。三纲五常为儒家学派的基本行为规范，它指的是三条纲领和五项永恒的原则。

五常是仁、义、礼、智、信，这是儒学的基本道德准则。儒学认为这五条原则是永恒不变的，所以称为五常。五常的说法最开始由董仲舒提出，他建议君王要切实以五常来要求自己，只有这样才能得到上天的保佑和鬼神的支持，自己的统治才会稳固，百姓也能安乐和幸福。

三纲，指三条纲领，即：君为臣纲，父为子纲，夫为妻纲。由渔网来看，目对纲，是要绝对服从的，只有纲拉起，目才会张开。所以，儒家学派将君主、父亲、丈夫称为纲，而臣子、儿子和妻子则为目，目对纲是绝对服从的关系。

三纲的来源便是孔子的那句“君君，臣臣，父父，子子”，也就是君、臣、父、子都要按照国家礼制的规定，履行自己的职责和义务。

董仲舒在确定五常时，在三纲的定义上又增加了夫妻关系，淡化了君主、父亲、丈夫应尽的职责，而把臣、子、妻完全放在服从的地位。在他看来，三纲五常由天意而定，有助于君主施仁政，也有助于国家的发展。

己所不欲，勿施于人

《论语》中很多教人如何修身的句子，也有一些关于处世之道的句子，其中“己所不欲，勿施于人”便是孔子主张的处世原则，而且认为可以终身遵守执行。

这个原则主要讲的是宽恕。宽恕的意思就是“己所不欲，勿施于人”，自己不想做，不想承受的事情，也不要强加给别人。换句话说，自己想要达到的目标，也可以努力帮助别人达到；不愿意别人以某种方式对待自己，自己就首先不要用这种方式对待别人。

孔子也以这种原则教育自己的学生，学生们除曾参外都不太理解这种原则到底是什么，曾参将这种原则解释为忠诚和宽恕。

“己所不欲，勿施于人”，孔子奉行终生，他也告诉弟子这一条是实施仁政的重要途径，如果每个人都能做到这一点，那每个人都会成为具有仁义道德的人。儒家思想传承至今，这个原则也随着时代的变化而被赋予了不同的意思，至今这个原则仍具有它的生命力。

杀身成仁，舍生取义

儒家学派的基本道德准则为“杀身成仁，舍生取义”，意思是说，宁愿牺牲自己的生命，也要成就自己的仁德；宁愿抛弃自己的生命，也要保全正义。

“仁义”这个词是儒家学派一直追随的，宋代儒者就特别强调，人在做出一切行动之前，先要认识什么是“仁”，什么是“义”。如果不知道什么为“仁义”，或者模糊地认识了“仁义”，那人哪怕牺牲自己的生命最终也毫无意义。

“杀身成仁”出自《论语》，“仁”，仁义，一个有志向和有仁德的人，哪怕自己丢掉性命也不能损害所奉行的仁义道德的宗旨，为了成就仁义道德可以牺牲自己的生命，可见仁义道德在儒家学说中的重要性。

“舍生取义”出自《孟子》，意思是说：生命，我不想舍弃；正义，我也不想舍弃。如果两者不能同时保全，那我只能舍弃生命、保全正义。生命虽然很宝贵，但是人不能违背自己的原则去保全生命，那与行尸走肉便没有区别。虽然我很害怕死亡，但是丢掉自己的信念是更可怕的，所以宁可死亡，也不能丢掉原则。

后世儒学家又在儒学的仁义原则之后，加上了礼和智，这也是在要求人们一定要具有辨别是非善恶的能力，不要被一些“假仁义”迷惑。

长久以来，孔子和孟子所提倡的道德原则，鼓励了许许多多有志向的人们，为了自己的事业、民族和国家，为了保持自己的人格，不惜牺牲自己的生命。这也是中国传统文化中的优秀成分，更是中华民族屹立不倒的民族精神。

乐而不淫，哀而不伤

《诗经》的开篇便以《关雎》创造了一个浪漫美好的场景，整首诗讲的是一个男子，思念一位美貌而贤惠的姑娘。男子从白天到夜晚，无时无刻不在思念这个姑娘。到了晚上，躺于榻上翻来覆去睡不着，梦想着如果能够得到姑娘的爱，那一定要用美妙的音乐让她快乐，两人在和谐的音乐中相亲相爱。

儒家学派的“至圣先师”——孔子，对《关雎》做评价时，用了“乐而不淫，哀而不伤”八个字。也就是说，《关雎》所表达出来的感情，快乐而不过分，忧愁而不悲伤。

孔子给许多经典作了注释，从他对古代经典的态度，可以看出他的处世原则在情感问题上的体现。孔子的处世原则是无论做什么事情，都要掌握适当的度，不要过分，也不要不足，对待情感也是如此。

孔子认为，青年小伙儿思念美貌而贤惠的姑娘，是十分合理且正当的追求；担心得不到她而辗转难眠，这也是正常的情感表现。但是，如果小伙儿因思念而茶饭不思，夜不能寐，损害了自己的健康，那就太过分了。如果姑娘答应小伙儿的追求，那小伙儿就要想方设法使她快乐，两人欣赏美妙的音乐，相亲相爱，那么两人的生活一定是很甜蜜的。假如两人相爱后一味地放纵自己，小伙儿因此觉得幸福无比，为了博得姑娘的快乐，宁可破坏国家制度，不顾国家安危，也要讨一个姑娘开心，那也太过分了。

孔子对待诗歌的态度影响了整个中国古代的艺术风格和创作思想。在所有的音乐、诗歌创作中，都没有太过分、太激烈的情感冲突，始终把中正平和作为抒发感情的标准，一些时代之中如果出现了情感较为激烈的表达，定然会受到众人的指责和抨击。孔子认为，诗歌和音乐创作本来就是为了影响世人的，它们会影响人的整个处世态度，所以必须把中正平和作为最正确的、最合乎礼仪的指导标准。

“烽火戏诸侯”的故事流传已久，周朝这位君主就是过“淫”了。周幽王得了一位后妃褒姒，她集天下美貌于一身，但是天天愁眉苦脸，一丝笑模样都没有，对周幽王也不热情。周幽王为得褒姒一笑，做了许多事儿，但她就是不笑。

周幽王点燃烽火台上的燃料，诸侯们以为有什么重要军情，纷纷赶来，褒姒见诸侯的狼狈状，开心地笑了。周幽王看见褒姒的笑容，十分欣喜，又连续点燃了几次，终于博得美人的开怀大笑。但因为戏弄诸侯，最终以悲剧收场。

在孔子儒家思想看来，周幽王做得太过分了，这样的感情不但不美好，反而该受到谴责。这便是孔子思想中“乐而不淫，哀而不伤”

的反例。

不要跟鬼神太亲近

古人多信鬼神，因为当时的人们对自然界有太多的不了解，于是习惯性地将这些现象与鬼神联系了起来。因此，鬼神在古人心目中的地位很高。儒家学派也是信奉鬼神的，孔子就主张对鬼神的态度要虔诚，但孔子所说的虔诚更接近于心中常保敬畏之心，亲而不近。

孔子认为，鬼神要信，但不能跟鬼神太过亲近。与鬼神太过亲近，则会失掉对鬼神的虔诚之心。因此，他十分赞同大禹的做法。

上古时期，禹哪怕自己吃着粗茶淡饭，也要将祭祀鬼神的祭品弄得十分丰盛；哪怕自己穿着破旧的衣服，在祭祀典礼的时候，也要穿着华贵的衣裳。

如果与鬼神过于亲近，便会失掉彼此间的距离感，久而久之，对待鬼神的虔诚态度也会随之消退。所以，孔子认为敬鬼神就要与鬼神保持适当的距离，这种适当的距离便是礼仪。

在儒家经典之中，有很大一部分提到了礼仪，特别是祭祀鬼神的礼仪，有着一套详细的介绍。孔子认为，祭祀鬼神时，对方是哪位神灵、地位如何，应该按照相应的规格，享受相应规格的待遇，这种区别可以从祭器的大小、多少、华美程度、祭品的多少等来表示。另外，儒家对祭祀的次数、祭祀间隔的时间也是有严格规定的。比如，在祭祀时，没有区分祭祀规格，或者祭祀的次数少了，或者祭品不够，或者祭器不干净，都是对鬼神的不敬；但是，如果超规格祭祀，祭品多，祭器奢华，或者祭祀次数太多等，那是在阿谀奉承，对此，鬼神不但不会高兴，反而会觉得有负担。当年，鲁国大夫季孙氏执意要去祭祀只有国君才能祭祀的泰山神，孔子对此很是反感，他觉得季孙氏就是与鬼神过分亲近了，这样会令鬼神困扰。

儒家学派祭祀鬼神的方式，在后世中也得到了引申和发展。很多人将其引申为处理人际关系的方法，就像对长辈、对上级，心中要保持尊敬，所以就不能太亲近，要保持适当的距离。否则就会露出谄媚的嘴脸，给别人造成困扰。

仁者爱人

儒家学派对爱有着自己的原则，孔子认为“仁者爱人”，这是儒家学派的最高道德概念。但儒家的爱，是由血缘关系的远近程度来决定的。

▲《孔子圣迹图》之《杏坛礼乐》

孔子认为，人该具备的德行便是仁和义。义是事之“宜”，可以理解为“应该”。也就是说孔子觉得社会上的每个人都有自己应该做的事，这些事必须要做，因为这才符合一个人的德行，从道德上来说是行得通的。但是，如果做事情并不是为了道德，或者做了违背道德的决定，那这种行为则被称为不“义”。

儒家学派中，所有不以“义”为标准的行为都被称为“利”。孔子说：“君子喻于义，小人喻于利。”在儒家思想中，为“利”而做是卑微的，是可耻的。

由此可见，儒家的“义”和“利”是直接对立的，它们都是形式上的观念，具体指人在社会中应该做或者不应该做的事情。

儒家学派中的“仁”则是“义”的具体化，仁的本质就是“爱人”。这里的爱包括天底下所有爱的情感，父行父道则爱其子，子行子道则爱其父。

孔子的学生与孔子讨论，学生樊迟问孔子：“先生，什么是‘仁’？”

孔子说：“爱人。”

“那什么是‘智’？”樊迟又问。

孔子说：“知人。”

樊迟摇摇头，孔子继续补充说：“将正直的人提拔上去，他居的位置越高，就能把更多邪恶的人变得正直。”

樊迟还是摇头，孔子的弟子子夏解释说：“比如，舜把皋陶提拔起来，那些不仁不义的人就吓得躲起来了；商汤把伊尹提拔起来，不仁不义的人也不敢上前来。”

樊迟点点头。

提拔正直的人，按照礼仪制度行事，这就是儒家学派强调的“爱”的真谛，所以，后来孟子将为天下提拔一个德才兼备的人叫作“仁”。

南宋的朱熹对“仁”也有自己独到的见解，他将“仁”解释为“爱之理”。意思是说，“仁”便是儒家学派中特殊内涵的爱，它是爱的原则，也是爱的法则。因此，后世人所说的“仁”就是爱并不完全正确，“仁”只是儒家学派所追求的爱，是区别于别家乃至现代的具有特定意义的爱。

忠孝难两全？

中国自古就有“忠孝难两全”的说法。忠，是对君忠诚；孝，指对父孝顺。但如果对君忠诚，随侍君侧，则不可及时对父行早晚之礼；如果选择在家追随父亲，则君所交代的事又可能难以办到。因此，才有了“自古忠孝难两全”的说法。

忠君爱国是一个臣子的本分，孔子认为，臣子侍奉君主要忠诚。但孔子也说，君主同样要按照礼制对待臣子，不可对臣子随意侮辱和杀戮。孟子将孔子的观点加以解释，他认为臣忠于君，如果君主把臣子当作手足，臣子则会把君主当作心脏；如果君主把臣子当作狗马，臣子就会把君主当作不相干的路人；如果君主把臣子当作尘土一样践踏，臣子就会把君主当作强盗和仇敌。所以，从孟子的观点来看，臣应忠君，但如果君主作恶，那臣子就可以将他推翻。

汉朝初年，朝廷在议事时就“商汤和周武王推翻他们君主的军事行动是否正确”这个问题进行过激烈的讨论。一方学者以物举例，即再破的帽子也是戴在头上的，再新的鞋子也应该穿在脚下，所以君子就是帽子，臣子就是鞋子，哪怕君主做得再不对，他也是君主，也应该高高在上，如果作为臣子去推翻，那就是不“忠”。

孟子很赞赏商朝第一个君主商汤和亲自推翻了商朝的周武王，他说："他们推翻了作恶的君主，是顺从天意，合乎民心的。"孔子同样站在"正确"的一方，他认为君王没有尽到君王的义务，臣子理应推翻他们。而且，孔子还从"忠"与"孝"两方面来驳斥对方的观点。

孔子认为，忠诚的品质，是人天生就具备的、天赋的本性；不过，就实际而言，忠并非天生就具备，而是需要后天培养的，培养这种品质的最好途径就是从"孝"开始。

但是，孔子所说的孝道并不是只需要好好照顾父母的生活。孔子举例说："养个狗，喂个马，也都要好好照顾它们的生活"，所以只照顾生活并不是行孝，真正的孝顺是时刻对父母和颜悦色，不能让父母操心、难过。

还有，父母在世时，要按照礼制的规定侍奉父母；父母去世时，要按照礼制的规定埋葬父母；父母去世以后，要按照礼制的规定祭祀父母。但是，孔子所说的，父母在世时的侍奉，一家一户过日子，自己是否按照礼制侍奉旁人是无法知晓的；死后祭祀，按礼制而已，也是无法充分表现出孝的程度。所以，儒家学派便以在父母去世时的行为来判断子女是否孝顺，比如哭的程度如何、守丧期的长短如何等。

儒家学派为了大力提倡自己所提的"孝"，还曾狠狠抨击过佛教。他们认为佛教僧侣不生产，不纳税，又不服劳役，这便是对君的不忠；他们不娶妻，不生子，便是对父母的不孝。所以，孟子曾说："不孝有三，无后为大。"意思是，不孝的罪名有很多，但最重要的就是没有儿子。那时儿子承担的主要职责便是孝顺父母，行丧葬之礼及祭祀之礼。

身体并非私有

《孝经》云："身体发肤，受之父母，不敢毁伤，孝之始也。"意思是人的身体并非私有，它来自父母的赠予，人保护好身体不受损伤，这便是最基本的孝道。

儒家对待生死的问题与别家不同，特别是死，儒家觉得人总是要死的，生离死别是人生最为悲伤之事，死者留给生者的是伤痛，那么生者如何面对死亡呢？"孝"就是人们在面对死亡时如何保持平稳心态的最佳答案。

在颜渊去世时，孔子看到自己最得意的弟子先于自己而去，哭得非常悲痛，心中想着，这简直是老天在要自己的命。可见，就连圣人面对死亡时内心也无法平静。如何珍视生命，如何坦然面对死亡，是自古以来哲人都在思考的问题。

曾子是继承孔子孝道思想最多的弟子，他认为，自己从身体到生命，都是父母给予的。那么，将来自己离开这个世界，必须要完整地还给父母，不得有任何损失，这才是真正的孝顺。等到曾子将要离开这个世界的时候，他终于有了如释重负的感觉。因为等他去世以后，就不必再担心自己的所作所为是否会损伤父母给予的身体，是否会有损孝道了。曾子在临死之前让弟子帮他将手脚抬起，亲自检视，发现身体各部分都没有损毁，就安然地离开了这个世界。

曾子离世后的某天，他的学生乐正子春在下台阶时，一不小心扭伤了脚，虽然伤很快就好了，但他还是好几个月都不出门，整天忧心忡忡。他的门人问："先生，您为什么整日烦忧呀？"

乐正子春说：“我从曾子那里听说过孔子的教导，他说，父母把一个完整的身体交给我，我必须把这完整的身体返还给父母。不能伤身损形，这才能叫作孝。但是，前段时间我竟然忘记了先生的教诲，忘了自己该履行的孝道，没走几步就扭伤了脚，这真是大不孝呀！”

中国几千年的历史长河中，儒家学派对各时代的影响都很深，所以人们对“身体发肤，受之父母”的圣人教诲也很重视。

国家富强三部曲

孔子周游列国，弟子冉有赶着车前行，在去往卫国的途中，孔子一直在感叹。

走入卫地后，发现街市很热闹，人来人往，孔子说：“你看，卫国的人口真多啊！”

冉有看看四周，的确，从进了卫国国境后，人口就渐渐多了起来，但是他不解为什么先生会有这样的感慨，于是问：“是的，人口很多，人口多了之后呢？”说着，甩了一鞭催马前进。

孔子看着人群，各色各样的人都在做着自己的事情，一片和乐融融的景象，没有听清冉有说什么，随口回答说：“人口众多，还要让百姓富足。”

孔子瞻望远方，农夫正在耕地，百灵鸟在蓝天中飞翔着、鸣唱着，远处山影绰约，河影跳动，几片白云悠悠地飘动着，又是一片静谧祥和。

冉有也随着孔子的眼神向远处眺望，继续问：“老百姓人口众多，又挺富庶，可是富庶了又该做些什么呢？”

孔子回过神来，认真思考了一会儿说：“那就要教化他们。”

冉有觉得孔子说得十分有理，心中豁然开朗，他高兴地又甩了一鞭，马车加速向卫国都城驶去。

人口多了，做事情的人就会多，通过劳动之后国家也会越来越富裕。但是，人多思想就会变得复杂，所以教化就是治理国家最重要的因素。儒家学派认为，教化人最重要的就是要让人人都懂得“仁”，以“仁”来约束自己的行为。教化百姓要以富庶的生活为基础，仁政的前提也是要保证百姓的物质生活得到满足。

孔子学说中，为政者仁的三部曲为“众”“富”“教”，这种儒学的教化是最符合实际的，充满了生活的智慧，通过三部曲将个人利益和社会国家的利益做了有机统一，这便是儒学的妙趣。

礼乐征伐自天子出

孔子说：“天下有道，则礼乐征伐自天子出；天下无道，则礼乐征伐自诸侯出。”意思是，天下有道的时候，制作礼乐和出兵打仗都是由天子决定的；天下无道的时候，制作礼乐和出兵打仗便会由诸侯国代为决定。孔子对各诸侯自成小国、分裂华夏的行为是十分反对的。

春秋战国时期，社会动荡，各诸侯国的百姓都倾向于自己所属的诸侯国，认为自己所在的诸侯国为“父母之邦”，或者称为“母国”，但是又觉得自己应该是华夏子孙，属于同一个华夏，周天子为共主。从史料上来看，孔子也深受这种思想的影响，他不但对自己的“母国”——鲁国有着深沉的爱，而且还十分热切地希望整个华夏完整，免受外族侵害，不要分裂。当年，孔子在夹谷会上破坏了齐国侵犯鲁国的阴谋，更表现了他希望华夏统一的思想观念。

春秋初期，齐国为诸侯国，从属周天子之下。大政治家管仲辅助齐桓公，他十分拥护华夏团结，曾经多次召集诸侯，共同维护周天子的共主地位。当北方的戎、狄族侵犯华夏时，他还增援了燕、邢、卫等国，帮他们抗击外族。

后世称管仲当时的做法为“尊王攘夷”，孔子也十分赞同管仲的做法。他认为管仲的行为起了匡正天下的作用，是有益于百姓的。孔子还说：“管仲相桓公，霸诸侯，一匡天下，民到于今受其赐。微（没有）管仲，吾其被发左衽矣。”意思是，管仲辅助齐桓公，称霸诸侯，匡正天下，百姓因此而得福，如果没有管仲，中原将受戎狄奴役，大家会被迫像戎狄那样披着头发，穿起衣襟向左开的衣服来了。

孔子又说：“桓公九合诸侯，不以兵车，管仲之力也。如其仁！如其仁！”意思是，齐桓公聚合了众诸侯，没有用一兵一卒，不需要战争，这都是管仲的功劳！都是管仲的功劳呀！

后世在理解孔子思想的时候，发现《春秋》这部书贯穿了尊王攘夷的思想。孔子向往天下统一，他主张“礼乐征伐自天子出”。孔子觉得，只有实现国家统一，才是符合社会发展趋势和百姓愿望的；华夏民族团结一心，才可以抵御外侮，国家和百姓才会平安。统治者能够做到这一点，才可以称之为最高的道德标准“仁”，管仲就是这样的人。

儒家“亚圣”——孟子

孟母三迁，断织劝学

孟子年少时，他们家住在墓地附近，小孟子整日都可以看到忙忙碌碌的送葬人，他们每天忙着挖坑、埋棺、哭丧。小孟子正处于喜欢模仿别人的孩童时期，也天天拿个小铁锹，学着送葬人的样子挖坑。孟子的母亲看到这种情形，心里觉得十分别扭，她觉得这里的环境太差，不利于孟子成长，因此决定搬家。

孟子随母亲一起搬到了集市附近，集市上人来人往，络绎不绝；行商坐贾，高声叫卖，孟子每天读完了该读的功课后，就去集市上闲逛，他对商人们的叫卖最感兴趣，有样学样地喊叫喧闹。

孟母希望孩子能够读书知礼，看到这种环境对孩子也有影响，于是就带着孟子一起搬到了国家兴办的教育机构学宫附近。学宫附近聚集的都是有学问又懂礼仪的读书人，孟子看到人们每天晨起读书，午后对诗演礼，也跟着大家一起读书演礼。孟母看到孟子这样，觉得十分高兴，她终于找到了适宜孩子学习的环境，便定居下来。

孟母除给孟子创造良好的环境外，她还时时教育孩子读书要刻苦。

年少时的孟子从学堂回来，看到孟母在织布，便向母亲行了礼。

孟母问：“你近来学习怎么样了？”

孟子扬扬自得地说："跟以前一样呗，不好也不坏。"

看到孟子的表情及说话的语气，孟母又生气又伤心，举起一把刀，一下就把刚刚织好的布割断了。

孟子看到母亲的做法吓了一跳，他也不明白自己哪里做错了，为什么母亲如此生气，把辛辛苦苦织的布都割断了："母亲，有什么事呢？您为什么这么做？"

孟母语重心长地说："学习就跟织布一样，布断了再也接不起来，学习不时时用功，常常温故知新，就永远也学不到本领。"从此以后，孟子牢记母亲的话，起早贪黑，刻苦攻读。

孟母在中国历史上留下了很多不错的教子故事，除教育孩子读书知礼外，在为人品德上的教育也对后世影响颇深。"杀豚不欺子"便是孟母以身作则教育孩子诚实的故事。

有一天，邻居家准备杀猪吃肉，孟子看到邻居磨刀霍霍，十分好奇，便问："邻居在干什么？"

"在杀猪。"孟母没有停下手里忙碌随口说。

孟子又问："杀猪干什么？"

孟母笑了笑，随口说道："杀猪给你吃肉呀。"

孟母本是随意说说的，但话刚出口就后悔了，心想，我教育孩

▲《孟子重孝图》

子不要撒谎，可邻居杀猪本是自己吃的，怎么可能给孟子呢？我这样随口一说，不就是教他说谎吗？

想到这儿，孟母思考了一会儿，便真的到邻居家给孟子买了一块肉来吃。

严师出高徒

“严师出高徒”，说的是一种师生关系，意思是老师如果严格的话，教育出来的学生也会很出色。孟子在弟子的眼中就是一位“严师”，他的形象给人一种凛然不可犯之感，有的弟子提到孟子时，即刻就会生出敬畏之心。

有一天，孟子的弟子乐正子到齐国，安顿好后天色已晚，便没有去拜见老师。

乐正子去拜见孟子时，孟子脸色很不好，一见面就问：“你终于想到了还有位老师要看吗？”

乐正子看着孟子的表情，不知道发生了什么事情，说：“先生，弟子不知犯了什么错，老师为什么这样问我？”

孟子没有直接回答乐正子的话，而是问：“你到齐国几天了？”

“昨天刚到。”乐正子说。

孟子见乐正子还不知错，生气地说：“既然你昨天已经到了齐国，那么我刚才的话你还不明白是什么意思吗？”

乐正子这才恍然大悟，原来孟子生气的原因是自己没有第一时间来拜见老师呀，赶紧解释说：“先生，昨天我没有安顿好，所以不敢来见先生。”

孟子皱了皱眉头，说：“你是听谁说要先找好住处再去拜见长辈的？”

乐正子低头认错。

孟子是一位极其严肃的人，对待学生也很严厉，他的态度看似咄咄逼人，但我们也能看出他对“师道尊严”的维护。除对学生严厉之外，孟子在辩论时态度也是非常激进的。当年，孟子与齐国大臣沈同就“是否对燕国开战”的问题进行过讨论。

沈同问孟子：“燕国内乱，是否可以讨伐？”

孟子回答：“可以。燕国之君子哙不该随便把君位让给燕国之相子之。”

之后，齐国真的讨伐了燕国。有人问孟子：“先生，听说您曾劝齐国伐燕国，是否有这回事？”

孟子回答说：“并无此事，当初沈同的确问过我‘齐国可以征讨燕国吗？’这个问题，我的回答是‘可以’。但是，如果他再问我：‘谁可以伐燕国？’我将会给出回答：‘只有代表天意的人才可以伐燕国。’既然是这样，总不能说我是劝齐伐燕的吧？”

孟子的辩解在逻辑上的确是无懈可击，但很多人还是觉得孟子的话并不能让人心悦诚服。因此，从这些辩论来看，孟子更像一名辩士而非学者。

天人可以合一

儒家学派有一个很重要的命题，就是天人合一。天人合一的境界也是自古以来很多贤人雅士所追求的最高境界。孟子是在中国哲学史上第一个自觉对天人合一理论进行阐发的人。

孟子认为，天的基本规定是外在于人的客观必然，“莫之为而为者，天也；莫之致而致者，命也”。也就是说，孟子认为不用去做就可以成的那是天意；不去祈求便到来的就是命数。所以，天命对人事是处于主宰地位的，虽然上天不能直接让人做什么，但是人所做的所有事情都是上天决定的。“天不言，以行与事示之而已矣”，上天的动作有时是与人的主观愿望、意志和行为等不相符的，但也正如此，才更锻炼人，“所以动心忍性，曾（增）益其所不能”，这便是上天对人的考验。因此，便有了“顺天者昌，逆天者亡”，通过考验你才有资格担当起上天所赋予的重任。

孟子还认为，“尽其心者，知其性也，知其性，则知天矣”。意思是，充分运用心灵去思考的人，是知道人的本性的人。知道人的本性，那就会知道天命如何了。因为心、性、天本就是一物。孟子所说的“心”指的便是他的本心，也就是儒家学派所说的“仁、义、礼、智、信”的道德本心，也可以称之为“仁义之心”。“心”与“性”合称为“天爵”，换句话说就是“天之所与我”的“大体”，所以心、性、天本就是统一、同一的。

孟子觉得“天人合一”更为根本的含义就是同一，所以孟子还说“万物皆备于我”。他觉得世间万物都是由天所赐的，天性在于人心，只要人用心，从内体会，便会将天、我、物合为一体，也就是天人合一——世间万物合一的最高境界。对于一个人来说，这种境界是最快乐的。

所以，孟子认为，人如果完全了解了自己的本性，那也就是了解了天。人修养自己的本性，就是侍奉于天。只有了解了自己的本性，了解了天，才能做到天人合一。

到了汉代，对于天人合一又有了不同的解释。

董仲舒从天和人的外部结构特点来分析，认为天和人本就是一类，天和人是相通的，可以互相了解。他举例说：“比如天有四季，人有四肢；每年有360天，而人的骨骼有360节；再比如，天是圆的，头也是圆的；天有五行，人有五脏……”

所以，在董仲舒的观点中，天就是人的祖辈。如果要分类的话，那天与人应该是一类，历史上称董仲舒的这种天人合一的观点为“天人相副”，也就是说人是天的副本，而天是人的榜样。

到了宋代，儒学大家张载从人的精神角度阐述了天人合一的观点。他认为，天是由虚无的气组成的，人也是由虚无的气聚合而成的，那么，人的精神和本性就是存在于这气中的，所以“天人一物”，也就是说天和人存在的形式是一样的。

儒学代表二程也认为人是由气组成的，气中有理，理应该是气的主宰，这个理便是天理。同时，人的本性便是天理，所以天和人本就是一体，并没有分开，也根本不需要再次强调天人合一。

综上所述，在儒家学派的观点中，天人合一重点强调的是人由天降生，人的本性也是天早就安排好的。从这个观点出发，再联系到中国太极图，便可以明白，天人合一的本源就是代表天的太极化分阴阳，阴阳分五行，人便是由阴阳五行的精华聚合而成，五行的性质构成人的本性。

君子重义，小人重利

“君子喻于义，小人喻于利”，这是儒家学派中关于正义和利益的辩证关系。孟子就此观点曾劝告梁惠王："人不可总追求对自己有利的事情，而是要追求仁义。"

作为君主如果一味地追求利益，那么臣子和百姓就会照着君主的样子去学习，长久以后，整个国家便会陷入为了自己的利益而不顾其他事情的境况中。举国上下都忙着争权夺利，君主的地位也就危险了。反之，如果君王追求仁义，臣子和百姓就会以君王为效仿的对象，大家都会遵守仁义的准则，安分守己，臣子不会想篡位，百姓也不会动乱，这样君主的位子就保全了。如此一来，君主看似只追求了仁义，却得到了最大的利益。

儒家学派一再强调以"义"为行事准则，而且他们认为，追求仁义便是遵循天理，那样即使不追求其他利益，其他利益也会自己来；但如果一味地追求利益，利益能不能得到不知道，但危险一定暗藏其中。

宋朝时，王安石政治改革，进行"变法"的过程中，就有一些儒家学者出来反对，指责他增加国家财政收入的行为过度追逐利益了，逐利而不重义，就是违背了圣人的教导。学者们表示，想要国家富强，最重要的是培养百姓的道德修养。君主施仁政，心中常存天理，去掉人的欲望，不单纯地追逐利益，这样百姓才会安于自己的社会地位，国家才会稳定，财政收入自然会提高。

孰是孰非，这里我们不做论断，只是每个人的理解方式不同罢了，后世常常将"君子重义，小人重利"用于人际关系处理，那么我们在交友的时候自然要亲君子、远小人。

人民是最宝贵的

孟子的施仁政观点表现在他极重视百姓上，他觉得社会稳步发展的前提就是把人民放在重要的位置。在《孟子·尽心下》篇中，孟子说：“民为贵，社稷次之，君为轻。”可见，孟子将百姓放在了极其重要的位置上，人民远比江山社稷、比君主更加宝贵。

孟子的言行处处透露着“民为贵”的观点。孟子说过，如果能得到人民的拥护，便可以做天子；如果得到了天子的信任，就可以做诸侯；如果得到诸侯的信任，那就可以做大夫。由此可见，人民的位置比大夫更重要，比诸侯更重要，比天子更重要，君主也是得到了人民的信任之后才可以为君的。只有替人民着想，关心人民的生活，得到人民的拥护，才可以为君。

“社稷”主要指的是农业，按照当时流传下来的制度，每个诸侯国建立的时候，天子要派遣使者，为诸侯建立社稷神坛。这个社稷神坛建立的主要目的就是保证风调雨顺，使农业丰收。农业丰收则百姓安乐，从而确保国家的安定。江山社稷安泰是一个国家繁荣昌盛的象征，从这点来看，诸侯的责任就是保护国家的安宁，如果诸侯不好好履行自己的职责，那社稷便不能安泰，国家也会处于危险之中。

假如人民按时祭祀社稷神，祭品也很丰盛，但是洪水、旱灾仍然不断发生，这就说明社稷神没有很好地履行自己的职责。这个时候就要毁掉原来的社稷神坛，重新设置。可见，孟子将人民放在第一位，社稷放在第二位，第三位才是君主。因为，百姓和乐，社稷安泰，才有君主的安稳，否则国家就有易主的可能。

如何称王

孟子说："得天下有道：得其民，斯得天下矣。"这是孟子再一次将百姓放在了首位的重要观点。儒家学派的很多学者都是十分关心政治的，他们对为君之道做了颇多论述，孟子就常常将百姓与君主放在一起，讨论为君之道。

孟子认为，自上古起，那些残暴的君主之所以丢掉了天下，是因为他们先失掉了百姓的支持；失去了百姓的支持，也就是失去了民心、失去了百姓的拥护。所以，要想取得天下，得到政权，就必须先得到百姓的支持；得到百姓的支持，那最先要得到民心，得到百姓的拥护；要想得到百姓的拥护，就必须将百姓的喜恶放在重要位置，将百姓所需要的给予他们，不要将百姓厌烦之事强加于他们身上。这便是"得民心者得天下"的具体理解。

孟子还认为，百姓，即人民，他们喜欢仁德，这就好比野兽喜欢旷野一样。所以，君主行使仁德的政治管理，一定可以得到人民的拥护；如果君主对仁德视而不见，不肯实施，那人民一定就会远离。孟子还举例说："不仁德的君主，就像水獭把鱼儿赶到深水里，老鹰把鸟儿赶进树林一样，这样的君主会把人民都赶到那些仁德的君主那里。久而久之，哪怕那些仁德的君主不想做王，也不可以，因为是民心所向。"

▲《孟子》书影

孟子从一代又一代的君王更迭中总结出了规

律，他告诫君王："看这个世间，诸侯们都把战争和侵略当作自己的爱好。假如有一天出现了一位喜好仁德的君主，那这位君主一定会吸引到更多人民的支持，就可以成为天下的王。"

如何成为真正的男子汉

战国时期，魏国有两位著名的谋士，或者说是两名政客，拥有厉害的辩才，他们就是公孙衍和张仪。

当时，他们常常游说于各诸侯国之间，挑动诸侯国之间的战争，景春以他们为傲，但孟子却不太赞同。景春问孟子："你看，公孙先生和张子一样的人才能称得上是真正的男子汉是吧？"

孟子摇摇头，说："他们怎么能称为男子汉？你们学过礼仪吗？男子由年少到成年，在成年礼上要接受父亲的训导；女子到了出嫁的年龄，母亲就会对其教导。母亲把要出嫁的女儿送出门时，还会再三叮嘱她，到了婆家要谨言慎行，听丈夫的话，孝顺公婆。那么以此来看，顺从就是女子和仆人该有的行为规范。但是，真正的男子汉并不是，他们首先要把仁德放在最主要的位置，把礼制放在最正确的位置，以追求正义作为最宽敞的路。男子汉想要实现自己的志向，就必须先将上面的原则推到民众之中去，哪怕志向不能实现，也要继续坚持；哪怕再贫穷、地位再低，也必须坚持。如果只为了做官发财，过度放纵自己，或者屈服于暴力或者权势之下，那怎么能称为一个真正的男子汉？"

孟子的话说完，景春低头不语。

孟子定义的真正男子汉的观点，对后世的影响很深，很多有志之士都以孟子“威武不淫，富贵不屈”的标准要求自己，堂堂正正地为了实现梦想而努力。

取得“上帝”的信任

上帝，并不是指西方宗教思想中的“上帝”，而是中国传统思想中的“上天”。如何取得上天的信任，这是困扰很多人的问题。孟子觉得，对于上天，没必要过度谄媚，要“尽心知性知天”，但要尽心，尽心才可以知性，知性就会知天，这样才能取得上天的信任。

孟子主张的是天人观。在孟子看来，彻底弄清了人的心，就可以懂得人的本性；懂得了人的本性，也就懂得了天。

儒家学派提倡仁、义、礼、智等品德，他们认为，这些品德是人心中固有的，也可以说是天生就带来的，并不是后来从外部强加进去的。仁义礼智，便是人的本性，由此推断人的本性就是善的。这种善的本性是人固有的，也就是天赋。因此，了解了人的本性，也就了解了天。反过来说，懂得了天也就明白了天所赋予人的本性是什么，或者说天想让人做些什么，这样一来，人便可能做天喜欢的事，久而久之，也就取得了天的信任。

孟子认为，保存心中固有的善性，并滋养这个善良的本性，最终目的是侍奉天。

周朝初年，统治者就已经知道了问题的关键，他们已经不再靠一些丰富的祭品和频繁的祭祀来博取上天的好感，而是开始修炼自己的德行。

春秋时期，思想家、政治家们又进一步发展了这样的思想，孔子也正是在此基础之上，整理想法，达到了比较完备的程度。到了孟子时期，便形成了知天、事天的思想和儒家天人关系的基本学说。

同时，孟子还认为侍奉上天，不可心血来潮，要始终如一。也就是说，人无论年龄大小、寿命长短，要时刻修养自身的品德，分秒不可停，因为这也是上天赋予人的职责。

培养浩然之气

儒家学派也有养气的说法，孟子最先提出人要养“浩然之气”的说法。古代先哲已经提出天是由气构成的，万物是由气构成的，人也是由气构成的。人的体内充满了气，人想要有所成就也要先养气。孟子所说的“气”，便是指养充实在人体之内的浩大正直之气。

充满于人体的气，并非都是浩然之气：有的是善良的，有的是邪恶的；有的是勇敢的，有的是胆怯的。因为，气组成人体的时候并不会有什么选择，而人的“养”才是决定气的关键。因此，只看人的外表无法看到他的气如何，只有在与他接触、长久地相处之后，才能看出这个人的气；同样，一个人有着什么样的气，在与人相处时他便会有一颗什么样的心。

孟子的弟子问：“先生，您最擅长什么样的修养呢？”

孟子说：“我最擅长修养自己的浩然之气。”

弟子疑惑地问：“什么是浩然之气？”

孟子说：“这个难以说明，但是，这个气一定是天下最浩大、最刚强的，你如果一直养护它不受侵害，那么它就会在你的身体中变得更为强大。”孟子看了看弟子，又继续说，“浩然之气与儒家学说的仁义是相辅相成的，没有仁义，浩然之气就会衰竭；没有浩然之气，也不能称之为仁义。也可以说，浩然之气通过不断累积，最终成了仁义。”

孟子的话重在告诉弟子，浩然之气是需要长久的修养的，只有在积累中才能慢慢地养成，不能贪一时之快，揠苗助长。

从孟子的观点来看，他觉得一个人的气是可以影响这个人的为人与志向的。假如人的气是胆怯的，那么在实现自己志向的时候也会变得胆怯，甚至失掉志向；假如一个人的气是高尚且专一的，那他肯定就会为自己的志向付出百倍的努力。所以，一个真正有道德修养的人，那些仁人志士，一定有着浩然正气。

为什么会有好人坏人之分

齐国东南面有一座山，人称牛山。

牛山上长着非常茂盛的树木，但是，很长一段时间里，伐木人拿着斧头日复一日地砍伐，再加上牛羊日复一日地啃食，最终牛山上茂盛的草木秃了，翠绿的山林变得满目疮痍。

这是孟子在论述人心时讲的一个小故事，他告诉弟子，人自出生就有善良的本心，如果这种善良没得到自己的珍惜爱护，那就会被外在的物欲所引诱，久而久之，沉迷于物欲之中，那颗善良的本心就会受到伤害，直至消失。

弟子们认真听着老师的讲述，只有公都子心存疑问，他问孟子：“同样是人，怎么会有好人与坏人之分？”

孟子回答说：“这样来说，人是有‘大体’和‘小体’的。人心就是大体，而耳、目、四肢等就是小体。所以，从大体来判断的人可以说成是大人，从小体而言的就可以说成是小人。”

公都子更加疑惑了：“同样是人，为什么有的人要从大体来看，而有的人要看小体？”

孟子解释说：“因为小体，即耳、目、四肢等，它们本就是人的感觉器官，是人与外界接触的桥梁，但它们也是极容易被外界吸引的。‘心之官则思’，意思是人心的主要功能就是思考。人用心思考，心便会占据人的主宰位置，心也是最不易受到外物吸引或者蒙蔽的。上天给予我们的良知、良能和良贵的重要感知器官就是心，心不是外物想要改变就能改变的。所以，只要我们能够树立起人的道德主体性，我们的本心就不会被物欲所蒙蔽。”

看世间，人心复杂，是不是人们都能够找回丢失的本心呢？是不是每个人都有可能成为圣人呢？是不是每个人在道德上自我修养、自我完善，就有达到至善的可能呢？孟子觉得是可以的，但孔子却不这样认为。

孔子的观点是“唯上智与下愚不移”，意思是说只有上等的智者和下等的愚者不会半途而废。孔子的孙子子思与孔子的观点相同，他也认为人在追求道德至善的路上先天就存在等级的差别。“生而知之者，上也；学而知之者，次也；困而学之，又其次也；困而不学，民斯为下矣。”有些人生下来就充满智慧，比如孔子这样的人，这是圣人；有些人学过之后才懂得，这是第二等人；有些人有了疑惑之后才去学，可以称为第三等人；但有些人哪怕有疑惑也不去学，这样的人便是最下等的。

在孔子的思想中，人生下来就已经分出了三六九等，孟子虽然尊敬孔子，也常常说自己“乃所愿，则学孔子”，但他的观点与先圣却有很大不同。

孟子觉得“人皆可以为尧舜”，他认为上天是公平的，不管是谁，生下来时都有一颗善良的本心，至于后来有些人的心变得不善良了，那肯定是后天习得的。孟子觉得那颗善良的本心是上天所赐的，名为“天爵”，如果将来做了官，成就了事业，那是人所授予的，可称为“人爵”。人爵是人授予的，那么人也可以夺去；但是，天爵是上天赐予的，上天不夺走，只是有的人自己把它弄丢了。

谁是大丈夫

谁是大丈夫？景春觉得，只有像公孙衍、张仪这样的人才可以称为大丈夫。

景春这个人究竟是谁，历史并没有给出确切的答案。有些人觉得他应该是孟子的弟子，也有些人认为他是像公孙衍、张仪一样的纵横家，因为景春是很支持纵横家的观点的。

战国时期，因为历史原因，出现了很多游走于各诸侯国之间、宣讲合纵连横的人士，后世人为其单独列派，称为纵横家。他们的角色与现在的外交家或者战略家有些相似，其中最有名的两位是出身于魏国的公孙衍和张仪。

张仪是连横派的代表，从属于秦国，他的主要战略目的就是分化瓦解六国的联合，为了使秦国免除危机，更加强盛，将六国各个击破；公孙衍曾经也为了秦国的连横而努力，但是后来，他到了魏国，便专门为六国的合纵游说。两人一个连横一个合纵，言谈之间左右着各诸侯国的命运，也左右着战国时期天下的大势。

其实，这些叱咤风云的纵横家，最初也遭遇过白眼和排斥。

张仪曾经是楚国相府的食客。一天，相府里传来消息，说重要的珍宝“和氏璧”丢了，人们众说纷纭，最后焦点落到了张仪身上。因为张仪家境贫寒，平日里也有些小毛病，道德品质不高，于是他就成了众人怀疑的对象。

结果，议论传遍了相府，张仪被痛打一顿，还丢了相府的工作。张仪落寞又气愤地回到家中，妻子生气地数落说：“你要是不读书，不学什么游说，哪至于落个这样的下场！”

张仪却毫不气馁地说：“妻，你看我的舌头还在吗？”

妻子一愣，无奈地笑了笑说：“舌头倒还在！”

张仪又鼓起信心，对妻子说：“那有什么可气的，这就足够了！”

无独有偶，当年纵横家苏秦也有相似的遭遇。

苏秦游说秦王，结果被秦王冷言相对，他落寞地回到家中，家人看到他的样子都很失望，甚至行动中都表现出了不满。

苏秦看了看妻子与家人，感叹道：“妻不以我为夫，嫂不以我为叔，父母不以我为子，这都怪我自己啊！”

于是苏秦继续刻苦读书，以“哪有游说人主而不能出以金玉锦绣、取卿相之尊位”来勉励自己，留下引锥刺股的史话。

每个人在成为别人口中的“大丈夫”之前，都不是一帆风顺的。景春以“一怒而诸侯惧，安居而天下熄”来表达自己对“大丈夫”的崇拜。如此看来，也只有经历磨难并挺过来，底气十足地站到众人面前，令众人折服的人才是真正的大丈夫吧。

文王之囿

孟子到了齐国，齐宣王听闻孟子来了，便特意派人去请，希望和孟子见上一面。

齐宣王见到孟子，问："听说周文王圈养禽兽、种植花木，他的园子有 70 里见方那么大，这事儿是真的吗？"

孟子没有否认，也没有确认，说："古籍上是这么写的。"

宣王皱了皱眉，迟疑了一下，又问："确定有这么大？"

孟子微微一笑，说："这样说吧，周文王管辖的百姓们，还以为这不够大呢。"

宣王听了这些有些惊讶，不解地问："我的园子不过40里方圆，可是我的百姓还是会说我建的园子太大了，为什么会这样？"

孟子正了正衣襟，语气沉稳地说："周文王的园子方圆70里，但并不是他的私物，割草打柴的百姓可以自由出入，打猎的人也可以像在野外一样自由行事。在百姓们看来，周文王与百姓同用一园，同得其乐，同获其利，您说，百姓能反对园子大吗？是不是希望园子再大些才好呢？"孟子又整理了一下衣服，继续说，"当时，我打算到您的齐国来，走到边境就打探了一下有什么犯禁的事。守城的人很严肃地告诉我，在齐国都城远郊，有个40里见方的苑囿，千万不要到那里去，在那里射杀麋鹿是犯死罪的。对您来说这40里的苑囿是园子，对百姓来说那不就是40里的禁区吗？百姓天天小心翼翼，生怕进入禁区，您说他们能不嫌园子太大吗？"

从孟子与齐宣王的对话中，可以明显地感觉到孟子将百姓放在第一位的观点，可谓"民为贵，君为轻"。孟子觉得，国君虽然是一国之王，也不过是一棵大树的主干；大树的成长需要根来养护，百姓就是一国之本，就是君王的根基。根不深、根不壮、根不茂，那主干再大又有什么用？

治国之道

齐宣王每天都想着如何重建霸业，有一天，他与孟子谈论此事。

齐宣王问孟子：“您可以给我讲一下齐桓公和晋文公成就霸业的事吗？”

孟子说：“孔子的经典批注中，并没有人谈论齐桓公和晋文公称霸的事迹，所以这些故事并没有流传下来，为臣也没有听说过多少。这样吧，我们谈点王天下的事情，可以吗？”

齐宣王皱起了眉头，他没想到孟子会拒绝，但是听到“王天下”三个字又兴奋起来，便问：“怎样做才能王天下呢？”

孟子回答说：“安抚百姓，保证他们安居乐业，就能王天下，而且这样的人称王，是任何人都阻挡不了的。”

“我这样的人能让百姓信服吗？”齐宣王赶紧问道。

“是的，您可以。”孟子点头回答。

“我凭借什么让百姓们顺从于我，去安抚百姓呢？”齐宣王激动地说。

孟子点点头，并没有太着急，而是以齐宣王自身为例，给齐宣王上了一堂实施仁政的大课。

某一天，有人牵一头用作牺牲（祭祀）的牛从堂下走过，大家都知道，那头牛要被杀掉，它的血将被用来涂祭祀用的钟。

齐宣王正坐于高堂之上，看到牵牛人很伤心，牛也很伤心，于是命人将这头牛换成一只羊，因为齐宣王觉得羊比牛小，换为羊百姓自然不会伤心。

孟子讲到这儿，问："不忍心杀牛就忍心羊被杀吗？那我问您，牛和羊有什么不同？既然您看到牛悲伤而保全了牛，那么羊呢？您这种不忍之心如果将牛羊一起对待的话，您就具备王天下的能力了。但是，您现在并不能将不忍之心达于牛羊，也不能施仁政于百姓，那您怎么能王天下呢？这与心有余而力不足是一个道理。"

齐宣王听到这里，并不太赞同，便问："你说的不施恩于百姓与努力不够的表现有什么不一样呢？"

孟子解释说："有人要求把泰山夹在腋下去跨越渤海，你可以对他说，这我办不到，这是真的做不了，这便是能力不足，我们可以称为'不能'；为年长的人按摩身体，活动活动胳膊腿，如果这样的事说做不了，那就是没有这份心，也就是不想努力，那就是'不为'。试想一下，作为君主，却不能王天下，并不是夹着泰山过渤海，而是类似于按摩之类的事呀。"

孟子对君主要施仁政的观点很明确，同时他还提倡人们尊敬自己的长辈，并推及别家的老人；爱护自己的幼小，推而广之也爱护别家的幼小。如果能形成这样的社会风气，王天下便不在话下了。

千里马难遇伯乐

孟子第一次到齐国的时候，还不是齐宣王在位，当时的王是齐威王，齐威王是一位极有作为的君主。

齐威王大胆用人，大胆改革，命邹忌进行了一场政治改革，促使齐国成为东方实力最强的国家。齐威王也很重视人才，他将那些有才能的人奉为座上宾，看作“镇国之宝”。

有一天，齐威王与魏惠王一起打猎。魏惠王问齐威王：“齐国有什么珍宝呀？”

齐威王一边打猎一边回答说：“没有。”

魏惠王很是吃惊，他接着问：“不可能吧？我们魏国相比齐国来说可算是地道的穷国了，但是连我都有 10 颗光泽耀眼、能照亮前后 12 辆车的珍珠，你们齐国地域广阔，实力强大，怎么连珍宝都没有？”

齐威王听了以后哈哈大笑，他回答魏惠王说：“像珍珠这样的宝贝我是真的没有，那些来到齐国的人才才是我心目当中的珍宝。檀子为我镇守南城，楚国人听说了以后一步都不敢入侵，泗水附近的 12 个小国都要向我齐国朝贡；盼子镇守高唐，赵国人连越过边界来捕鱼的勇气都消失了；我麾下的一个小官黔夫被我派去守徐州，燕国人从北门来，赵国人从西门来，纷纷迁徙到我齐国境内居住，如今已经有 7000 多户了；我派种首清理国内盗贼，很快民风就变得路不拾遗。这四名臣子，所照亮的地方岂止 12 辆车，照亮几千里都没有问题啊。”

齐威王爱才的名声为他引来了大量人才，孟子也是其中之一。不过，孟子与齐威王两人的政见是不可调和的。齐威王一心想要行霸道，靠自己强大的军队和麾下的猛将统一这个天下。孟子不这么想，孟子认为应该行仁政，让其他国家的百姓自己来投。这样，即便不打仗，不依靠军队，也可以统一天下。

孟子无法说服齐威王，也不肯改变自己的想法，所以始终没有被齐威王重用。一段时间以后，心灰意冷的孟子打算离开齐国。齐威王为了维持自己的爱才之名，准备了 100 镒黄金给孟子做盘缠。孟子果断地拒绝了，并离开了齐国。

弟子陈臻问孟子：“先生，你为什么要拒绝接受赠金？”

孟子说：“我跟齐王的政见是完全不同的，在齐国我没有发挥出一点作用。齐王赠送我黄金，就是想要用金钱收买我，君子岂能是用金钱收买的？”

等到齐威王去世，齐宣王即位，孟子又来到了齐国。齐宣王对孟子的态度比齐威王要好不少，但齐宣王仍然不相信孟子所说的“仁者无敌”。他经常向孟子请教关于做人、关于民生的一些事情，却始终不肯重用孟子，让孟子实现自己的政治抱负。齐宣王认为，自己应该通过富国强兵让齐国重新回到齐桓公时期的霸主地位。一段时间以后，孟子再次无奈地离开了齐国。

劳心与劳力

劳心与劳力究竟哪一个付出更多，这是一个自古就存在的问题。当年，孟子作为“劳心”者与一个个体农业小生产者的代表许行进行过辩论。

许行的思想偏向于“劳力”者，他代表着小生产者，反对统治者不劳而获的剥削行为，就当时的历史状况来说，许行的思想是非常前卫的。他主张“贤者与民并耕而食”，作为君主一定要与人民一起耕种，一起干活，一起收获粮食，自己动手去做饭，并且还要治理国家，这才是贤明的君主应该做的。

不过，许行的思想是有局限性的，还在从平均主义和否定分工的角度去解决等级对立，这是不可取的，也是不符合当时历史发展规律的。他认为，实物交易才是最公平的，应该提倡，如果物品的数量、重量等都是相等的，那价格也应该相等。

孟子对许行的想法提出了质疑，他认为社会分工是社会发展的必然结果，是符合历史及社会发展的。孟子说："无君子莫治野人，无野人莫养君子。""或劳心，或劳力。劳心者治人，劳力者治于人。治于人者食人，治人者食于人，天下之通义也。"孟子认为从政治和经济地位来看，人生来就分为"君子"和"小人"、"劳心者"和"劳力者"。"君子""劳心者"自出生就已经注定了作为统治阶级来管理"小人"和"劳力者"，那他们就是受供养者；反过来说，"小人"和"劳力者"生来就属于"君子"和"劳心者"，所以他们的任务就是为统治阶级服务。

从孟子的观点来看，人生来就分了等级，那是社会分工的结果。社会分工不同，人便应该完成不同的工作，这是原本就应该有的道理，没有谁能将其更改。从社会发展的角度来看，孟子的观点有合理的成分，但是从现代人的观点来看，社会分工应不分等级高低，所以大多以批判的态度来看待孟子的观点。

人性本善

"人之初，性本善""人性本恶"，这两者都是儒家学者提出的观点。"人性是善的还是恶的"就成了中国哲学史上经久不衰的辩论题目。

对于人性的问题，中国历史上大约有四种声音：

第一种来自孟子的人性本善说，第二种是说人性既不善又不恶，这种说法缘于告子，他觉得人性无论善恶都是后来造就的。

这两种说法在中国历史上经常被比较，特别是在《孟子》中留下了许多孟子和告子关于此问题的辩论。

孟子说人性本善，人性本善并不是说人人生下来就是圣人，而是人性本就有很多善的成分，虽然身体内有恶的成分存在，但可以人为控制。也就是说，人本身无所谓善恶，若不适当控制，就会通向恶。

在孟子的思想中，人与动物是共通的，所以善恶是人与动物共有的成分。他说："人人都会有善的悲悯之心……如果今天有人突然看到有小孩子掉进井里，那么一定会产生惊恐同情的心……没有同情心，那就不是人；没有羞耻心，那也不是人；没有谦让心，也不是人；没有是非心，也不是人。同情心是仁的发端；羞耻心是义的发端；谦让心是礼的发端；是非心是智的发端。人有了这四种发端，就像有了四肢一样。凡是拥有了这四种发端的人，都知道要扩大充实它们，就像火刚刚燃烧，泉水刚刚开始流淌。如果能够扩充它们，就可以安定天下了；如果不能扩充它们，那连赡养父母也是有问题的。"

孟子认为，所有人的本性中都具备这"四端"，若充分扩充，就变成四种"常德"，也就是儒家学派中强调的仁、义、礼、智。这些德，在不受外部环境阻碍的情况下，就会从内部自然发展（扩充），就好像种子发芽能自己长成大树，蓓蕾萌发能自己开出花一样。

这一点，也是孟子与告子争论的根本点。告子认为人性本身无善无不善，人为什么会有善恶？那都是外面的人以道德为出发点强加在他们身上的。

从孟子的观点来看，人为什么会发展自己的"四端"，而不是一些与动物相同的低级本能呢？

孟子对此的解答是：我们人类之所以与禽兽不同，就是因为人性中本就有"四端"。"四端"正常发展，人才可以叫作"人"，孟子强调说："人之所以异于禽兽者几希，庶民去之，君子存之。"

除孟子和告子的观点之外，当时的哲学家们还提出了其他观点。比如，人性既可以变善又可以变恶，取决于其所处的环境或者不同的境况；再如，有些人性善，有些人性恶，不同的人，人性也就不同，等等。

历尽沧桑的荀子

荀子（约前313—前238），名况，字卿，赵国（今河北、山西、陕西各一部分）人，战国末年思想家、著名的儒家学者。后来做了秦国宰相的李斯、著名的法家学者韩非，都是他的学生。

传说，荀子在当时影响很大，他到过秦国、燕国等地，但主要在齐国活动，齐王封其大夫之职，他还曾三次到大夫们中间担任祭酒。

祭酒，是古人饭前的祭祀活动。一般众人聚餐，是要行祭祀之礼的。大家落座后，要由一个人率先将酒奠于地上，然后大家才可以开动，这样的人就叫祭酒。担任祭酒的人一般学识较深，地位也较高，是一位德高望重的人。后来，祭酒的名称被沿用下来，成为中国古代最高的学职。

▲ 荀子画像

荀子年轻时居住在齐国，当时齐国比较繁盛，涌现出很多政治家和哲学家，如邹衍、田骈等。这样的环境对荀子来说就是天时地利人和齐备，也正因如此，他听了许多学派的学问，对天地人生的种种问题有了自己的独到见解。

荀子年纪大了以后，齐国一些

人联合起来排挤他。无奈之下，他离开齐国到了楚国。楚国贵族春申君亲自命他做了兰陵的地方官。之后，春申君死了，荀子受牵连被免职，不过这并不影响他把兰陵当成家。一直到去世，荀子再也没有离开兰陵。

荀子所著的《荀子》是历代书籍中保存相对完整的一部书，他对当时的政治状况有很多不满。特别是后来诸侯国纷争不断，接连发生了君主被杀、国家被灭的事情，荀子对此的评价是，错误一定出在君主身上，因为他们不走正确的道路去治理国家，把大部分精力都放在了拜神求仙、焚香祷告、信奉巫术等活动上，还常常从一些特殊的天象中来揣测人与国家的命运。

同时，荀子对各学派的言论都有研究，对儒家、墨家等的言论都有评说，对他们的主张和实行效果做了很多评论。

祸福兴衰不应该怨天

荀子虽是儒家学者，但他的观点与儒学有着很大的不同，他主张天人有分，也就是说天和人都有自己的职责，都有为。

天道是必然的结果，人道却在于有为。荀子主张：“天能生物，不能辨物也；地能载人，不能治人也。”也就是说，天与人、自然与人事各有自己的职分和规律，天有天的运行规律，人有人的活动规律，两者不能相互替代。所以，荀子认为人应该为自己的行为负责，不能把责任推给天。如果人积极努力，那么天不会阻碍他；如果人消极怠慢，那么天也不会保佑他。

当时还是信奉上天的年代，荀子提出这样的主张，令很多人不解。

他说人世的吉凶灾祥、物质生活的贫富丰歉，主动权掌握在人的手中。“明于天人之分”，是任何人都应该懂得的规律。而且“天行有常”，天道的运行规律是相对稳定的，但“人世无常”，人生在这个世上，因为自己的所作所为而迎来祸福兴衰，这与天并没有关联。所以，“怨天”没有什么意义，荀子认为那是“其道然也”。

在荀子的观点中，天人有分但并不妨碍双方的统一，人是天演而成的，人的自然属性来源于万物，与其他飞禽走兽并没有区别。从这里来看，人与天相分不是表现在与万物的对立，而是表现在超越万物之上。

《荀子》中写道：“水火有气而无生，草木有生而无知，禽兽有知而无义，人有气、有生、有知，亦且有义，故最为天下贵也。力不若牛，走不若马，而牛马为用，何也？曰：人能群，彼不能群也。人何以能群？曰：分。分何以能行？曰：义。”

可见，荀子的主张有天人合一的方面，但这个合一又是与分统一的。人位于进化序列的最高阶段，“人最为天下贵”，那么人区别于其他物的根源是什么呢？是因为人可以凭借所特有的礼仪法制超越万物，“制天命而用之”，这就是人自觉活动的结果，正因为有自主活动，人才有能力去驾驭自然而为，改变天所给予的一切。

如何获得全面性的认识

“虚壹而静”，这是荀子对获得“全面性的认识”的见解，这是哲学中认识论的问题，荀子之所以会将全面认识用“虚壹而静”来解释，还是源自他对“道”的认识。

荀子从人具有一定的知识和记忆开始讲认识方法，将已有的知识和记忆视为心中已经储藏的东西。在看人的认识能力时，他觉得人最大的认识弊端就是片面性。“蔽于一曲，而暗于大理”，人就是这样容易受片面性的蒙蔽而看不见全面性。

万物都有各自的特点与所长，如果人只是“蔽于一曲”，那就只能看到一面，而看不到万物的其他长处。但人就是这样，能看到近处却不能看到远处，能知道开始却判断不出结果，这就一定会造成认识的局限性与片面性。

荀子还对当时的“百家”做了评判：“墨子蔽于用（功利）而不知文（礼乐）；宋子蔽于欲（情欲寡）而不知得（利己）；慎子蔽于法而不知贤”等等。他觉得墨子只看到了功利忘记了礼乐，而宋子只想着减少欲望却不知道人要为自己着想；慎子则只强调法忘了贤德。

不被万物所蒙蔽，最好的方法就是将自己的好恶偏见去除，用全面的眼光审视世界，对好与恶折中处理，这便是“兼陈万物而中悬衡”，这样就可以找到万物的自然规律，那个便是“道”。“夫道者，体常而尽变，一隅不足以举之”，在荀子看来，道就是一种全面性的认识。

《荀子·解蔽》中说：“心何以知？曰：‘虚壹而静。’”即虚心、专一，就可以保持心里的宁静，这样人才可以认识得更全面，不会受外界环境或者自身的好恶左右。同样，荀子对治国之道提出的见解是，要想把国家治理好，就要“知道”，即懂得道。如何“知道”？那就是要“虚壹而静”。

“虚壹而静”的思想在《庄子》和《管子》中也有提到，荀子称这样的心境为“大清明”，在这种心理状态下，人会排除一切外界和内心的杂念，集中精力。对万物的认识也会更加全面，不会片面武断。

但是，荀子觉得“虚壹而静”不能只作为认识进行的前提和知识正确性的心理保障，它还要和认识本身直接同一。人如果能达到“大清明”的境界，便能掌握一切事物的规律，变得无所不知。从这里便可以看出，荀子把认识的心理准备和认识的结果直接挂钩的思维定向。

人从出生开始就具备知觉或者认识能力，有认识能力，就能知道不同的事物，就会具有不同的知识。不能因为得到了一种知识就损害另一种知识，这便是专一。人的心是时时刻刻在运动的，哪怕是在梦中也常常会胡思乱想，注意力稍不集中，就会胡思乱想。不能让自己的胡思乱想危害认识过程，这便是静。

虚壹而静就是以静心的态度去观察周围的世界，去求道。荀子觉得只要“虚壹而静”，就可以洞察一切，认识一切。足不出户就可以观千里之外，这与老子道家学派的观点有些相似，类似“观微”之术的要义。荀子还认为，能“虚壹而静”就可以懂得天地万物，就能够明察社会治乱，这才是最正确的治国之道。

反之，如果不能“虚壹而静”，那心就要受到蒙蔽，产生一些片面性的认识错误。有了小错误不去纠正，就会产生大错误，由一个人延伸到一个国家，最后只能落得国破家亡。荀子对古代亡国的君主的评价正是如此，他们之所以会亡国，就是因为他们心不静，且洞察事物不能全面，所以在行动上违背规范，最终导致国家动乱、灭亡。

与“虚壹而静”相辅的就是解除蒙蔽，即除去心中的杂念和疑虑。在荀子看来，人一旦有了疑虑和杂念，就无法以正确的眼光看待周围的一切，就像当年的涓蜀梁，在月夜走路，看到自己黑黑的影子吓了一跳，以为是鬼。又看到黑影头发蓬乱，觉得是妖怪，最终把自己吓死了。所以，人心如果受了蒙蔽，就会把树木当成人，把石头当成老虎，把大河当成小沟，进而犯更多的错误。

人性本恶

对于人性，每个学派都有自己独到的见解，人性本善、人性可善等观点众多，荀子也有自己的人性论——人性本恶。

荀子否认孟子的人性本善，他觉得人自生下来的那一刻开始就是贪婪的，注重物质利益，喜欢美丽的女人和悦耳的音乐。而且，为了得到自己想要的，还会去憎恨别人，从这些方面来说，人的本性就是恶的。

本性是什么？就是不用通过学习就原本存在的东西，那些必须通过学习才能得到的东西，就不能说是本性，而是人为的结果。比如，仁、义、礼、智都是必须经过学习才能得到，这就像那些弯曲的木材，如果想让它们变直，就要经过矫正，能说直是木材的本性吗？泥土经过陶者的加工成为器皿，那器皿的性质能说是泥土的本性吗？答案是否定的。

那些后天习得的东西，才是矫正一个人最重要的手段。仁义或者礼仪都是圣人规定的，他们规定这些，就是为了矫正人的恶劣本性，就像发明了矫正木材的技术是由于木材弯曲一样。由此可见，这些东西本不是人的本性，而是人的后天习得。

荀子的人性论将本性和人为区分得更加明显，从理论观点上来看，是当时儒家学派最有影响力的论证。到了汉代，一些儒学学者把孟子和荀子的观点结合起来，组成了“性三品说”，即人性有善也有恶。

宋代，儒家学者大力提倡孟子的性善说，因此，荀子的观点遭到史无前例的驳斥，在儒家学派的地位越来越低。不管宋代对荀子的批驳有多么严重，荀子仍在孔庙接受着大家的祭祀。而到了明代，儒家对祭典进行了整顿，荀子也因自己的主张被赶出了孔庙。

从现代的观点来看，荀子的说法并没有什么错误，他将人的生理需要和感官快乐划归于人的本性，实际上承认了这些属性的合理和必然。与此同时，因为“从人之性，顺人之情，必出于争夺，合乎犯分乱理而归于暴”，荀子又否定了它们。在这里，个人追求感官快乐的必然性已经转化为社会国家抑制这种追求的必然性。国家制定礼法，通过人为的教化作用促使人性转化为善，即所谓“化性起伪”。

总而言之，荀子判定善恶的标准是社会国家的礼仪法度，礼仪法度虽然是“反性悖情”，违背人的感性欲求，但它却是维系社会国家的统治秩序所必需的手段，所以他给出了积极的评价。

人人都可以成为圣人

有人对荀子的话提出了质疑，既然人性本恶，那好人从哪里来？荀子对此的解答是“人人都可以成为圣人”，换句话说，这是荀子主张的“化性起伪”观点的自然逻辑延伸。

在荀子看来，虽然人性本恶，但人应该为了改变本性而进行努力，“化性起伪”中的“伪”就可以理解为人的作为、努力。只不过，荀子觉得为了改变人的本性去做的努力，并不是所有人的努力，而仅仅是圣人的努力。

只有圣人的努力，才能使一般人的本性由恶变善，因为一般人的本性是恶的，哪怕他们再努力也无法变化本性。圣人的本性和一般人相同，也是恶的，但圣人和一般人不同的是，圣人可以通过“伪”，也就是自己的作为、努力来改变自己的本性。

“化性起伪”的基本点是，一定要承认人性是可变的，就是说，人实际上是善是恶，要取决于他所处的后天环境和主观的努力。同时，也告诉人们，不论是圣人还是平凡人，先天本性并无差别，差别只在于后天，“注错习俗之所积耳”。人只要积极从事于伦理道德的实践，就能由恶转化为善，将先天本性与后天人为统一起来。

从这一方面来说，荀子与孟子的观点虽然表面上是对立的存在，但由其价值导向都是从为善的角度来看，二者还算是统一的。荀子说：“涂之人可以为禹。”荀子认为就可能性而言，人人都可以成为圣人。

大禹之所以为大禹，是因为他施行仁义，处事公正，即办事合乎礼仪。也就是说，一个普通人能够虔诚地信仰仁义之道，能够专心致志，认真地思索，细心地辨别，不断积累善行，便可以上升到神灵的境界，与天地看齐，有了参与天地事的本领。此时，圣人便产生了。

但是，照这个逻辑仔细分析一下，在现实社会中，有几个人能成为大禹？是因为人们不“伪”吗？再看看圣人与一般人同为恶的本性，圣人为什么就能伪，而一般人就不能呢？翻遍《荀子》，没有找出注解。

君舟民水

《荀子·王制》说："君者，舟也；庶人者，水也；水则载舟，水则覆舟。"从这句话可以看出，在荀子看来，爱护人民是多么重要的事情。荀子把君主比作舟，把人民比作水，然后警告君主说水可以载舟，也可以使舟倾覆。

除了舟与水的比喻外，荀子还把人民比作马，把君主比作坐车的人。当马害怕拉车的时候，坐车的人就会提心吊胆，如果人民不安宁，甚至对君主的政策处于害怕的程度，那么君主的地位也就不保了。所以说，想让马好好拉车，就要让马不怕车；想让人们得安宁，就要让国家的政策不伤害到人民。君主一定要爱护人民，百姓安宁了，君主的日子也就安宁了。

唐朝是中国古代历史上有名的繁盛时期，唐朝能有这样的成就，离不开一个伟大的皇帝——唐太宗。无论历史对他评价如何，从贯彻荀子的思想上来看，他的确是最英明的君主之一。

唐太宗继位不久，与大臣魏徵谈论古代国家的兴盛和衰亡时，便引用了荀子的思想。他说："做君主的，按照仁义的原则办事，大家就拥护他；不按仁义的原则办事，大家就抛弃他，实在是很可怕的事。"

魏徵回答说："皇上，您懂得这一点，就一定能够使国家平安，统治长久。古人有句话说得好，君主是航船，人民就是水，水能承载航船，也能使航船倾覆。"

唐太宗听从了魏徵的建议，为了巩固统治，他虚心听取臣子的意见和批评。有些时候，臣子们劝谏的态度十分过分，他也能够压下火气，忍住杀掉臣子的冲动。广纳谏言之后，唐太宗对国家进行了改革，他取消了许多大型的国家项目，就是为了让人民安心生产。一段时间后，唐朝在唐太宗的统治下，出现了一段安定、富足的时期，也使世界开始认识了中国。

人定胜天

荀子在对待“天人关系”的问题时，给出的结论是“人定胜天”。荀子在论述国家和个人命运是由什么决定时，说：“人之命在天，国之命在礼。”也就是说，国家的命运，决定于能否贯彻礼仪制度；人的命运，则决定于天。而“人定胜天”的意思是掌握天的运行法则且利用之。

其实，荀子和其他儒者一样，是一个天命论者，与此同时，他还把仁、义、礼、智作为治国的根本。既然人的命运取决于天，那么人对待上天赋予的命运该做何表现呢？

有的人崇拜天，盼望上天能给自己降下幸福，顺从天赋予自己的命运并且赞美天。荀子觉得，持有这种观点的人根本就不明白天与人的关系。天与人都拥有各自的职能，这种观点就是放弃了人为改变的可能性，只期盼着一些不存在的东西。

人应该根据天命去做自己该做的事，尽自己的职能，不能放弃人的主观性，只顾祈求上苍。从这个观点出发，荀子觉得与其崇拜，不如把天当成是自己的，就把它当成自己家的一样东西，可以握在手里，这样便掌握了天。掌握天，便是掌握天命；掌握天命，便可以利用天命。

墨子也对儒家的天命论持有反对意见，他觉得儒家天命论其实就是鼓励人们偷懒，因为上天既然赋予了你命运，那再努力也没有用，谁还会努力？墨子主张天志，他认为没有天赋予的命运这一说法，因为上天只是根据人的行为善恶来决定给人幸福还是灾祸。

荀子作为儒者，大部分理论都源于儒家，他对天人关系的看法中，也没有否认天命，但是他更主张人应该掌握天命，而且鼓励人们去掌握天命，加以利用，将命运掌握在自己手里。

天灾与人祸

道家的思想是自然无为的，天道有天道自己的运行方式，并不以人的意志为改变。这种思想被荀子吸收并发展为“天行有常”。

当时，很多学派的学者对天人关系都有不同的认识，荀子根据自己的理论批判了社会的治乱缘于天时的错误观点。这是一个再简单不过的道理，禹与桀两位君王在位的时候，天象历时都是相同的，为什么一个国泰民安，一个鸡飞狗跳，一治一乱？由此来看，天并不以人的意志为转移。这就好像，天并不因为人们害怕寒冷就停止了冬天，也并不因为人们害怕辽阔就取消了广远，“天地合而万物生，阴阳接而变化起”，这是大自然赋予人类的一切，是大自然存在的必然过程。

可见，上天的运行是有其自己的规律，有其自己的必然性的。历法、天象都可以说明这一点。不会因为人间的统治者作恶就出现旱灾、洪灾，更不会出现天狗食日等现象。而这些现象的出现，也是完全与人间统治者以及人民的行为毫无关系的。

人们在祭祀的时候，使用祭品的多少并不能决定上天的运行规律，只能决定其他参与祭祀的人对这场祭祀的看法。即便是有人对此不满，发生了一些不好的事情，这也不是天灾，而是真正的人祸。

荀子的无神论思想和唯物主义思想都是超越时代的，但是在当时，人们还是相信世界上有神灵存在，而神灵会借助天象来给人间警示。当不寻常的天象发生时，人们就觉得人间也会出现与其相对的反应。所以，惶恐、惴惴不安都是非常正常的。

止楚攻宋

春秋战国时期，诸侯国发生纷争的事件并不新鲜。公元前5世纪，楚国作为一个大国，对其他的诸侯国虎视眈眈。

楚国位于长江中游一带，楚国北部的宋国地小人寡，楚国国君找准机会，打算进攻宋国。他请巧匠公输盘设计制造了攻城用的新式工具——云梯，做好了攻打宋国的准备。

鲁国的墨翟是墨家学派的代表，他一向主张消弭战争，宣扬和平，听到这个消息，不畏风霜劳苦，步行十日十夜，从北方黄河流域的下游千里迢迢来到南方的楚国。

墨翟善于辞令，见到楚王后，他大胆提问："楚王，现在有一个人，舍弃自己华丽的车子不坐，一心想去窃取邻人的破车；他不喜欢自己的锦绣衣服，就是看中了邻人的粗布衣服；他放着自己的粱肉不吃，就是想去窃取邻人的糟糠恶食，请问楚王，您觉得这个人怎么样？"

楚王听后哈哈大笑："这人一定是一个盗窃成性的人。"

"好。"墨翟点点头、继续说，"那么您看楚国现在要去攻打宋国，是不是以大凌小、以强欺弱？您觉得像不像那个盗窃成性的人？您一心想窃取邻国的破车、粗衣、恶食，这些行为都是不义的呀！"

楚王无言以对，但是攻宋的念头仍没有消失，他说："公输盘已经为我造了云梯，不用怎么能行？"

墨翟看了看桌面上的沙盘，解下了自己的腰带，将其围起来代表城墙，然后拿起筷子作为守城的武器，给楚王演示起来。

墨翟拿着筷子开始守城，公输盘来攻城，两人经过了九次的攻守，公输盘一次都没有获胜。公输盘实在想不到别的办法，认为自己无法对付墨翟的智慧，就对墨翟起了杀心。

墨翟看出了公输盘的杀机，说："你哪怕是杀了我，也没有什么关系，我的300学生已守卫在宋国的城墙上，我死了，我的守城方法还是存在的。"

楚王看到这里，自知攻宋不可能取得胜利，无可奈何地说："墨子你讲得对呀，那我们就不攻宋了吧。"

这个故事就是著名的"止楚攻宋"，墨翟也就是墨家学派的代表墨子。他原是宋国人，司马迁说他是"宋之大夫"，后定居鲁国，在鲁国师从儒家学派。当他了解儒家学派后，觉得儒家的礼法太烦琐，"厚葬靡财而贫民"，父母死了长期守孝实在"伤生而害事"，于是抛弃了儒学，另立墨家学派，成为墨家的创始人。

虽然他的出身没有孔子高贵，连他自己都说自己是"低贱之人"，但是，他"上无君上之事，下无耕农之难"，他是庶民中走出来的，更懂得百姓的疾苦，他的学说也与农民、手工业者以及其他下层劳动者有着密切的联系。墨子认为民有三患：饥不得食，寒不得衣，劳不得息。因为出身庶民，所以他想解救更多的贫苦之人。继孔子大力兴教育之后，墨子也是一位私人办学的大师，可谓桃李满天下。

在战国时期，墨家学派也可以说是"显学"了，足可与极兴盛的儒学抗衡。而且，墨家学派与儒家不同，是一个组织严密的学术团体，代代相传。每一代都有一位学识渊博的人作为团体领袖，他们被称为"钜子"，墨家学派的第一位"钜子"就是墨子。

墨子的“乌托邦”

墨子是墨家学派的创始人，他原师从儒家学派，但后期对儒家的学说提出过很多质疑。特别是在国家政治、社会发展上，墨家有着不同的见解。

墨子认为，上古时代，原始部族时期，人们都有着自己的意见，一个人与另一个人的想法不会相同，他们互不服从，常常会引起争端，甚至互相残杀。这种情况长期存在下去，人类就会重新沦为禽兽，与动物没有区别。

但随着人类智慧的发展，人们发现，争端之所以经常出现，是因为没有首领，各个首领也只是领导着自己的部族，而各部族却没有一个统一的领导者。为了结束这种纷争局面，人们便决定选出一位可以领导众人的首领，这个人得是天下最贤明的人，否则难当此任。

天子一人也是无法完成管理天下的任务的，所以他还需要有人辅佐。人们就选出了贤明的人，立为三公，用来辅佐天子；大国的版图变得辽阔，离都城远的地方天子之力不可及，所以便有了诸侯。诸侯选立乡长，乡长选立里长，最终，这个国家建立起整齐完备的官制系统。反面观之，无论是天子，还是小小的里长，在他们所管辖的范围内，一定是最具有仁德的人。

当官吏制度逐级完善之后，天子就可以告诉百姓：不论听到了好的或者不好的事情，就把它告诉你的上级，得到上级允许后才可以去跟着做；如果上级不允许的话，那么就不能去做。同样，如果你觉得你的上级有什么过失，也要告诉他；你的下级有什么好事，就要适时地表扬。所有的官吏也要注意，不能徇私相互勾结，也不能因为个人的事而耽误自己的公职，这样的话，除了要受上级的处罚，还要受百姓的指责。

▲ 墨子雕像

这种赏罚制度一旦建成，各级官吏都要认真地按制度执行。简单来说，里长要统一一里的思想，让他所辖的百姓们效法乡长的“善言善行”，服从乡长的命令；乡长要统一一乡的思想，听从诸侯国国君的命令；国君要统一全国的思想，听从天子的命令。最后由天子“一同天下之义”。

这就是墨子学派的“尚同”思想，这样的管理制度之下，整个天下就像一个家庭一样，秩序井然，有条不紊。

墨子的“尚同”是以“尚贤”为基础的，在墨家学派的逻辑中，推选出大小不等的贤人、仁人担任各级官吏，大家服从官吏的统治，也就是服从贤人、仁人的管理。思想统一于仁义，天下就会在仁义的基础上实现“大同”。墨子说过：“大家不仅要听从天子的指令，最后还必须听从天的指令，一定要顺从天意。否则，上天就会用凄风苦雨等自然灾害来惩罚人们。”墨子还说：“天意是让人互爱互利的。”就是说，墨家的尚同思想是需要所有人都信仰墨家学派的“兼爱”“非攻”。

当然，墨子的思想对当时的统治者造成了很大的压力，如果统治者不能任用贤能的人，那么官吏就是不贤能的，必然导致民心涣散，与当时战国时期的社会政治是相似的。从这点来看，墨家的思想也具备了批判当时社会现实的意义。

怀才不遇的韩非子

韩非生于公元前280年，年龄和李斯差不多，死于公元前233年，活了40多岁。韩非出生于一个没落贵族家庭，年幼的时候跟着当时著名的学者荀子读书。因为口吃，他不太爱讲话，但是他的文章却写得很精彩，不但条理清楚，而且观点鲜明、分析深刻，很有说服力。

韩非在年少时就开始关心国家之事，他曾上书韩王，请求变法，意在富国强兵。

韩国是个小国，秦国一直对其虎视眈眈，多次与韩国交锋，韩国都失败了。每次失败都要割地求饶，后来几乎面临亡国的危机。韩非从小就立志拯救韩国，于是请求韩王变法。当时有人告诉韩非，变法是极其危险的事，“危于身而殆于躯”，之前那些变法的人大多都没有落得好结果，像吴起和商鞅都因实行改革而遭了杀身之祸。

但是，韩非没有听从，他还是不计个人安危，坚持要变法，“立法术，设度数”“废先王之教”，为的是“利民萌，便众庶”。不过，韩王没有采纳韩非的意见，这令韩非十分失望。

韩非救国的积极性受到了打击，于是他回到家中，专心著书，研究法家理论，最终成为法家学派的集大成者。他的著作经后人改编，命名《韩非子》。

韩非的著作受到人们的追捧，坊间流传着很多手抄本。一段时间后，韩非的书流传到了秦国。当时秦国的君主正是中国历史上第一位皇帝——秦始皇，他虽然没有听说过韩非，但读了韩非的文章后，感叹地说："写得好啊！我要是有机会见到文章的作者，一定与他携手同游，自己死了也不会感到这一生有什么遗憾！"

▲《韩非子》书影

宰相李斯及时告诉秦始皇："这是韩非的著作。"

之后，秦王派兵攻打韩国，韩国派韩非到秦国去当使者，秦始皇一听是韩非来了，喜不自胜。

秦王与韩非谈得很融洽，秦始皇很想拉拢韩非，便对韩非百般优待。

这时，秦王左右的大臣都有点不服气，特别是李斯，更是十分嫉妒。心想：万一秦王重用韩非，以他的学问和见识，我的宰相之位不也被抢去了？

于是，李斯暗中联合了一些大臣，常常在秦始皇面前说："韩非是韩国的贵族，他终究是心向韩国的。秦国和韩国是敌对的国家，若重用，韩非就会为韩国打算，不会真心为秦国的。"甚至还有些大臣说："如果放走韩非，那他去了别国，被人重用，如果那些国家以秦国为敌，韩非就是一个麻烦。"

在大臣们你一言我一语的挑唆下，秦王把韩非关进监狱。当秦王还在想到底杀不杀韩非时，李斯跑到狱中威胁，并让人把毒药给了韩非，致使韩非自杀于狱中。

史学家司马迁对韩非的才学十分钦佩，对他的遭遇十分感叹，他说：“我独独为韩非而悲痛，他的《说难》写得那么好，可惜却招来了杀身之祸。”

“谬论”也可出名

“谬论”有些时候只是相对的，有些谬论一样被保存了下来。当年，孔子的后代孔穿与赵国平原君的宾客公孙龙有过会面，两人在平原君家中的一番谈话就是这种情况。

孔穿见到公孙龙后，说：“当年我居于鲁国时，就已经听闻先生的大名了，我十分仰慕先生的才智，钦佩先生的德行，很早就想与先生见上一面，讨教一番。今天得以与先生谋面，真是三生有幸。但是，先生的论述中，‘白马非马’的学说我是不赞同的，如果今天先生您能放弃这个论点，我将拜于您的门下，做您的弟子。”

公孙龙听后点点头，说：“先生，您说错了。您知道我的名声为什么这么大吗？正是因为我曾经提出了‘白马非马’的学说。如今，先生您却要求我放弃我最为著名的学说，那您要拜我为师，我能教您什么呀？并且，从古至今，想要拜人为师，就是因为自己的智力和学术比为师者低。您现在让我先放弃学说，再来拜我，那岂不是先教我再拜我吗？有什么意义呢？”

孔穿听了公孙龙的话，心里虽没有完全赞同，但脸上还是露出了些许惭愧，开始局促不安了。

公孙龙看了看孔穿，继续说：“我的‘白马非马’学说，孔子觉得是很有道理的，他是赞同的。我听过这样一件事，当年，楚王曾经张开繁弱弓，装上忘归箭，在云梦的场圃打猎。猎打了一半，他却把弓给弄丢了，随从的人请求楚王去找回来，楚王却摆摆手说：‘不用了。楚国人丢了弓，楚国人拾了去，都是楚国人在用，有什么必要去找呢？’孔子听了楚王的话，说：‘楚王可以说是仁义的君王，但他的仁义程度还不够，他说楚国人丢楚国人捡，所以弓没必要捡回来；但如果他是完全仁义的君主，他就不会强调楚国人捡去了也不要紧。要是换别国人呢？是不是就需要捡回来？”

公孙龙看着孔穿，又说：“世人听说这件事后，都肯定孔子对楚王的评价，却否定我的说法。我不过是把白马和马区别开了，又有什么错呢？先生您信奉的是儒家学派，您现在说我的想法错误，那不就是反对孔子赞同的观点吗？就像您一直说佩服我，想要跟着我学习，但为什么又让我放弃我所传授的东西呢？我想，无论是谁，无论他的学问有多么高深，想拜师也是因为想学习，而不是以纠正为目的。”

孔穿低头沉思，一言不发。

纸上谈兵

赵奢是赵国的名将，曾经率兵大败秦军，立下赫赫战功，与当时的赵国名臣廉颇、蔺相如齐名。赵奢的儿子赵括，从小熟读兵书战策，因出身将门，十分自负，他觉得他是天底下最会用兵、最懂用兵之道的人。

赵括常常与赵奢一起谈论兵事，他口若悬河，赵奢也多次被难倒。但是，赵奢认为赵括对战争的理解只是书面理论，并不是真正懂得战争。

赵括的母亲还挺为儿子骄傲，便问赵奢：“你为什么说儿子不会用兵？他说得多有道理。”

赵奢回答说：“战争，在布局用兵之时要把人放到死亡之地，这是一件多么严肃的事情！但赵括对此并不在意，他就是脱离实际，天天说着空话，这样的危害太大了。如果哪天赵国真的把他当成将领，那对整个队伍，甚至国家来说都是不幸的。”

公元前266年，赵惠文王去世，赵孝成王即位，趁赵国新君继位，局势未稳，秦国准备出兵攻打赵国。赵国派遣大将廉颇带兵抗击秦军，秦、赵两国的军队在长平对阵了好几年，秦军没有占到多少便宜。

此时，有人给秦国出主意：“廉颇不好对付，那我们就让廉颇这个主将退出军去。”于是，秦国使出反间计，派人到赵国散布流言：“赵国用兵最厉害的人是赵奢的儿子赵括呀，秦军现在最怕的就是赵括。”

赵孝成王听了流言后，信以为真，马上用赵括取代廉颇，率领

▲ 赵奢画像

赵军抗击秦军。蔺相如听到这个决定后，对赵孝成王说："大王，您怎么能听信流言呢？赵括看似用兵厉害，说得头头是道，但他只会死读他父亲传下来的兵书，知道的全是书本上的知识，哪有带兵打仗的经验呀？这实战起来，策略是一方面，随机应变才是最主要的呀，臣觉得用他来抗秦，真的不行。"

此时，赵括的母亲也对赵孝成王说："赵括只是在纸上谈论用兵之道，说起实践来真是比不上他的父亲。与廉颇将军比起来，也是远远不如呀！他带兵应战，一定会给国家带来不幸的。"

但赵孝成王完全不在乎人们的说法，他听赵括侃侃而谈后，便迷惑于他的学识，把廉颇换下阵来。

赵括十分高兴，一上任，就按照自己的想法重新部署军队，将之前廉颇制定的实际可行的阵法都推倒了。

此时，秦军的计谋已经完成了第一步。随后他们又让白起假退，将赵括引进埋伏之中。赵括上任后，白起就带领一小股秦军骑兵，去赵括的营中骚扰，随后又让秦军假装失败逃跑。赵军以为得逞，乘胜追击，结果掉进了秦军的埋伏之中。

赵军被秦军分割成两部分，后勤补给也被掐断，军心大乱。

秦军将赵军困了40多天后，赵军已无粮草，赵括又用兵法亲自带兵，冒险突围，结果被秦军射死，赵军也全军溃败，几十万投降的赵军俘虏全部被秦军活埋。

整个战役，赵国丧失了约45万精锐军队，差点到了亡国的地步。

中国哲学家们对这种现象早就有过评论，赵括纸上谈兵，惨败于长平，这便是知行关系上的不统一，赵括只“知”难“行”，在知行关系上，实践行动往往比掌握知识的要求更高。

兵家三杰

兵圣——孙武

孙武，字长卿，后人又尊称孙武子，或孙子。他生于约公元前545年，齐国乐安（今山东惠民）人。

孙子的曾祖、祖父都是齐国名将，受家庭熏陶，他从小就对兵法很感兴趣。随着年龄的增长，他研究兵法的渴望之情日渐强烈，希望能实际操作一下，不再纸上谈兵。孙子年满18岁时，齐国国内多纷争，他也被迫离开齐国投奔了吴国。

最初到吴国时，孙子只是隐居在郊外，专心著书，不与世事接触。两年后，吴王阖闾想成就一统中原的霸业，遍求天下人才。伍子胥拿出了孙子所著的兵法13篇，呈给吴王。吴王大赞，伍子胥这才向吴王说明书的作者就是孙子。吴王很高兴，派伍子胥赶快去请孙子，他要看孙子实际演练兵法。

▲ 孙武画像

为了考验孙子的才干，吴王特意将原本的兵士换成了一点不懂作战的宫女。对此，孙子毫不在意，他将宫女分为两队，还特意让吴王最宠爱的两位美姬做队长，带领宫女听令操练。

孙子给宫女们讲完操练口令之后，便命人擂鼓。

宫女们哪里记得孙子的口令，只觉得好玩儿，嘻嘻哈哈不停议论，队形也混乱不堪。孙子见状，便请命："请大王立刻杀掉美姬队长，以肃军纪。"

吴王吓了一跳，赶忙说："不，不，没有这两个美姬，寡人吃饭都不香了，寡人已知道将军善于用兵了，请赦免了她们吧。"

孙子却回答："将在外，君命有所不受。"

说着斩杀了吴王的两名美姬，命其他人做了队长，宫女们早已经吓得一动不动，当孙子再次说明口令时，宫女们很快就被训练得进退有序，阵形严整。看到这个阵势，吴王虽心疼爱姬，但深感这样优秀的用兵之人更是难得，他一定可以帮助自己成就霸业，于是留下了孙子。

其实，孙子之所以声名远播，并不是因为他打赢了一场又一场的战役，而是因为当初伍子胥献于吴王的那兵法 13 篇，就是《孙子兵法》。

《孙子兵法》是春秋时期频繁、激烈、多样的战争经验的总结和升华，它是对原有兵学理论成果的继承和发展，其中还结合了春秋时期先进的社会思想和很多学派的理论，是华夏大地儿女尚武崇智的文化孕育的奇葩。

"无穷如天地，不竭如江河"，直到现在，很多国家的军事战术上还会有《孙子兵法》的影子，哪怕是一些非军事领域中，《孙子兵法》作为一本启智书仍然受到很多人的钟爱，在职场等运用谋学策略的地方，它更是一本生存指南。

孙膑事迹

在孙子的后世子孙中，比较有名的要数孙膑了。甚至有些人觉得，流传下来的某些著作中的“孙子”指的就是孙膑。不过，孙膑与孙武有很大不同，他熟悉兵法，更熟悉谋略。

早年，孙膑与魏国将军庞涓一起学习兵法，庞涓看到孙膑越来越优秀，而自己无论怎么努力也难以追上，他便想出了个主意。庞涓给孙膑下了圈套，使孙膑在魏国受了膑刑（剔掉膝盖骨），从那以后，孙膑便再也不能走路，成了终身残疾。

有一天，齐国使臣来到魏国，看到了刑徒模样的孙膑，就偷偷与孙膑联络。发现孙膑果然如传说中一样，是位奇才，便暗地里将他救到了齐国。

孙膑到了齐国，受到齐国将领田忌的高等礼待，孙膑也住到了田忌府中。

▲ 孙膑画像

当时，田忌常与齐国的诸位王公子弟赛马赌胜，每次比赛都有很高的赌金。孙膑看后，便主动说：“将军，您这次就以重金下注，我保证能让将军得胜。”

田忌心中存疑，因为之前他从来没有赢过齐威王。但是，他对孙膑是非常信任的，便押上千金，等待开局。比赛马上就开始了，孙膑悄悄对田忌说：“将军，下面我们重新分配下对战的马匹吧，您用自己的下等马和王的上等马赛，用自己的上等马和他的中等马赛，用自己的中等马和他的下等马赛。”

田忌虽然心存疑惑，但还是照做了，第一局果然输了，齐威王非常得意，大笑田忌的马退步了；结果，就在齐威王得意之时，第二局、第三局田忌大获全胜，齐威王因此赔了一大笔钱。

齐威王觉得非常奇怪，田忌从来没有赢过自己，而且第一局输得那么惨，怎么后两局就赢了呢？他问田忌：“你是换了马吗？”

田忌说：“没有。”

“那你用什么办法赢了寡人？”

田忌其实早就想将孙膑介绍给齐威王了，正好趁此机会，他大胆地推荐了孙膑。齐威王召见了孙膑，在与他谈话的过程中，发现孙膑果然如田忌所说，是位奇才，于是让孙膑做了军师。此后，孙膑指挥了很多著名的战役。

公元前353年，孙膑与多年未见的庞涓终于交上了手，上演了历史上的著名战役——“围魏救赵”的桂陵之战。

魏国围攻赵国的都城邯郸（今属河北），庞涓为队伍的军师，赵国无奈之下只好向齐国求救。齐国考虑之后，派田忌为将，孙膑为军师，去援救赵国。

将军田忌一向勇猛，他主张率军直趋邯郸，将魏军打退。但孙膑却不赞同这种激进的方法，他说：“如果想要使杂乱的结子解开，就不能生拉硬拽；如果想要劝阻别人不要打架，就不能参与搏击。避开其强势，直接攻击其空虚部位，利用形势迫使他们不得不停止，问题自然就解决了。”

田忌问：“那军师认为现在我们该怎么办？”

孙膑说："现在魏国和赵国互相攻打，魏国的精锐部队就放在了外面，可想而知，留在国中的军力定然不足，只是些老弱残兵。在路途相差无几的情况下，将军不如率领军队直接攻打魏国首都大梁，魏国接到消息，必然撤军自救。这样我们不仅将赵国救了下来，还可以趁机获得一些来自魏国的利益。"

田忌拍手叫好，于是依照孙膑的计策攻打大梁。果然，魏军听到国中危机的消息，赶紧从邯郸撤军，回来救大梁。孙膑在桂陵（今河南长垣西北）伏击，打败魏军，生擒庞涓。

公元前343年的马陵之战中，齐、魏再次交锋，孙膑减灶诱敌，庞涓中计。孙膑命人在路边的一棵树上写了"庞涓死于此树之下"，然后命齐军伏兵截击。庞涓受了伏击，又看到了树上的字，大喊："遂成竖子之名"，之后自刎而死。

经过这场战争，魏国国力大损，元气大伤，因此成就了齐国的千秋大业。

吴起兵法

《孙子兵法》是一部古代著名兵书，与它齐名的还有一部《吴子》，传说是战国时著名兵家吴起结合当时的实践经验著成的。在《汉书·艺文志》中收录48篇之多，但后来基本都散失了。现在的《吴子》只剩《图国》《料敌》《治兵》《论将》《应变》《励士》6篇，应该是吴起在魏国时所写。

吴起，生年不详，卒于公元前381年，卫国左氏邑（现在山东曹县）人，是战国时期著名的军事家、法家学者。他最初在鲁国做将军，后又到魏国，战功卓著，被魏文侯任命为西河守。他在西河共23年，进行了系统性的改革，将西河地方的军力发展得十分强盛。与诸侯共有大小76次战争，其中64次全胜，对魏国的强盛做出了贡献。

魏文侯死后，吴起在魏国受到排挤，只好去了楚国。楚悼王重用他为令尹，即宰相。吴起在楚国主持变法，推行法治，废除了世袭的贵族制度。同时他整顿武备，四处征伐，使楚国也成为当时的强国之一。

公元前381年，楚悼王暴亡，旧贵族发动叛乱，吴起躲到宫中，伏在楚悼王的遗体上，以为这样就可以免除一死。因为按照当时楚国的法律规定，有敢施兵器于王身的要诛灭家族。这些对吴起恨之入骨的贵族为了杀他，命令士兵放箭射死了吴起，然后残忍地将他五马分尸，这在信仰鬼神思想的古代，是极其残忍的刑罚之一。后来，因为有的箭射到楚悼王身上，有很多家族被牵连处死了。

书中，吴起对战争的性质做了有益的探索。他指出，战争的起因有五种，即争名、争利、积恶、内乱和困饥。进而将战争区分为五种不同的性质：义兵、强兵、刚兵、暴兵、逆兵。

在战略战术方面，吴起强调战备，选择有利的战机，同时要随机应变，积极地利用地形。吴起也很重视政治对军事的影响，强调将两者结合使用，这样就能使国家和军队内外团结，取得战争的胜利。

对于作战的主体军队，吴起强调兵要精干，要严格练兵，他认为精兵3000就具有“内出可以决围，外入可以屠城”的巨大能量。军队要做到赏罚严明，将帅爱兵，这样战斗力才能强。吴起就是率领着自己练出来的精兵，用甲士5万人、战车500乘和骑兵3000，打败了秦国的50万军队。

辩论中的哲学思维

春秋末期，中国的哲学流派百花齐放，哲学思辨空前繁荣，人们将这一时期称为“百家争鸣”。

这一时间为何会集中涌现出许多影响深远、各不相同的哲学流派呢？恐怕与当时的历史背景有关。周朝末年，周王室对整个国家逐渐失去掌控，与此同时，周朝的礼乐制度也失去了约束力，正如孔子所说的“礼崩乐坏”。

由于周朝衰落，各诸侯国开始各行其是，彼此之间战争不断，有些诸侯甚至将兵锋直指周天子。在此背景下，各国都需要新的思想来作为治理国家、富民强兵的依据，这就为“百家争鸣”提供了历史条件。

鲁国的孔子创立了儒家，他们的观点是：之所以会天下大乱，就是因为人们都不再遵循周朝的礼法制度，所以解决问题的办法就是向古人学习，恢复周礼。

宋国的墨子创立了墨家，他们的观点是：社会之所以混乱，是因为每个人都只爱父母家人，因而形成了很多以家族为基础的“利益集团”，相互攻讦、争夺利益，所以要提倡“兼爱”思想，建立一个没有等级、门第差别的公平社会，让人们像爱戴自己的亲人一样爱戴他人。

负责给周王室管理“图书馆”的老子创立了道家，他们认为之所以天下大乱，不是因为人们管得太少，而是因为管得太宽，只要大家回归自然的生存方式，顺应天道，一切就都会好起来。

以齐国管仲、郑国子产为代表的法家则认为，想要让国家安定起来，就必须要建立严格的法律制度，让所有人都在法律的约束之下做事情，这样才能恢复最根本的秩序。

儒家、墨家、道家、法家，是“百家”中最有影响力、对中国哲学思想影响最大的四个哲学流派。这“四家人”为了各自的观点能被统治者采纳、被百姓追随，自然免不了要和其他哲学流派辩论一些“谁是谁非”的问题，所以，春秋时期既是一个思想上百花齐放的时代，也是一个各种思潮争相辩论的“竞技场”。

现在我们印象中的孔子，是温文尔雅的至圣先师，但实际上，他也是一个非常“毒舌”的辩论家。例如，孔子对法家的那一套并不认可，便把“炮口”对准了法家的先驱、比他早100多年的著名政治家管仲。《论语》中有这样一段：

> 子曰：“管仲之器小哉！”
>
> 或曰：“管仲俭乎？”曰：“管氏有三归，官事不摄，焉得俭？”
>
> “然则管仲知礼乎？”曰：“邦君树塞门，管氏亦树塞门；邦君为两君之好，有反坫，管氏亦有反坫。管氏而知礼，孰不知礼？”

意思就是说，孔子觉得管仲虽然很有功绩，却称不上是真正伟大的人物，因为他不懂礼法，经常做出一些“越礼”的事情。

另一位儒家圣人孟子，则把“炮口”对准了道家和墨家。在《孟子》

中，他说：“杨氏为我，是无君也；墨氏兼爱，是无父也。无父无君，是禽兽也。”意思是，道家杨朱心里只有自己，根本没有君王；墨子说自己对天下人一般爱戴，眼里根本就没有父亲。既没有君王，也没有父亲，这不是牲口吗？

对于儒家的批评，其他各家自然不会坐以待毙。法家的韩非子写了一篇千古流传的文章《五蠹》，大意是说：“孔子宣传了大半天，可是被他的仁义所打动的人也只有72个，这证明人们都觉得仁义好，但是真正愿意实行仁义的人却很少。”韩非子又说：“孔子是个仁义的人，但是他们鲁国的国王，却是个不怎么仁义的庸人，可孔子还不是要乖乖听国王的话？这就说明，权势比仁义更有威力。孔子说要用仁义治理天下，按他这么说，应该是他‘治’鲁国国王啊，怎么还让国王给‘治’了呢？所以说，孔子说的话，大多数都是‘正确的废话’，根本就实现不了。”

最后，韩非子还把儒家和纵横家、游侠、贵族的门人、商人放到一起，说他们是“五蠹”，意思是危害社会的五种“蛀虫”。

道家的庄子对儒家的评价则是：“圣人不死，大盗不止！”因为儒家最推崇圣人，在儒学的王道信仰之中，生命的境界被分为圣人、贤人、君子、士人、庸人。圣人与贤人合称圣贤，指品德高尚、有超凡才智的人。儒家认为，圣人和贤人应该是人们效仿的对象，也应该获得极大的尊重。但是庄子却说：“这些圣人要是不死绝了，世界上的坏人就不会少。”

庄子之所以这么说，是因为他认为，民众越愚昧，世道越乱，人们就越迷信和崇拜圣人。如果每个人都很有觉悟，世道太平，人人平等，就没有圣人，也就没有“大盗”了。

诸如这样的哲学辩论，在“百家争鸣”的时代层出不穷，儒家、墨家、道家、法家之间的著名“论战”其实还有很多，其他思想流派之间的辩论也不在少数。正所谓真理越辩越明，正是在这样高水平、高层次的辩论中，中国各哲学流派的观点才得到了传播、完善和升华，极大地促进了中国哲学的进步和发展。

歧路失羊可寻思

自古以来就有句话："天下之言，不归杨（朱），则归墨（翟）。"墨翟指的是墨家学派的墨子，杨朱则是战国时期的一位隐士，他更是一位无神论者。在那个年代，他的言论足以让人惊叹，但奇怪的是却没有流传下来，只有一些故事尚存于世。

当年，杨朱有一位邻居的羊丢了，他便带着一家老小四处寻找，然后又请杨朱的家丁帮着一起找。

杨朱听说这件事后，惊奇地问："不就是丢了一只羊吗，没有必要用这么多人去找。"

邻居答道："岔路太多了，得分路去找。"

半天过去了，人们都没有找到羊，垂头丧气地回来了。

杨朱问："你们找到羊了？"

邻居摇摇头，回答说："唉，丢了。"

"为什么会丢了呢？不是很多人追了吗？"

"顺大路走，结果还是有岔路，只好回来。"邻居无奈地说。

杨朱的脸一下阴沉下来，很长时间不说话，邻居都走了也没见他笑，弟子问："先生，羊本是不值钱的，而且又不是先生您的羊丢了，您为什么心情这样差呢？"

杨朱还是沉着脸，也不回答。

孟孙阳也是杨朱的弟子，他目睹了刚刚发生的一切，随后，他把这件事告诉了另一名弟子心都子。

几天后，孟孙阳和心都子去看杨朱，心都子说："在很久以前有三兄弟，他们去山东圣人故乡游学，跟一位儒学家学了很多东西。回到家，父亲问：'你们从儒乡归来，告诉我仁义让你们懂得了什么？'老大说：'我觉得仁义就是让我们不要去追求名誉，一定要爱惜自己的身体。'老二说：'我觉得仁义告诉我哪怕死都要保护自己的名誉不受损害。'老三说：'仁义让我懂得了生命与名誉是可以同时保全的。'先生，三个人一起学的儒学，为什么会有三种不同的答案呢？"

杨朱点点头，说："我也给你讲个故事，河边有一个摆渡人，他对水性很熟悉，天天摆渡挣的钱能养活百十口人，他的事情流传开来，所以人们成群结队带着干粮来学他的本事，特别是游泳的绝技。但令人想不到的是，将近一半的人在学的过程中淹死了。这些人本来就是来学习游泳的，又不是为了淹死，怎么会出现这种情况呢？"

心都子恍然大悟，向杨朱施了个礼便出来了，孟孙阳也跟着出来了，但他并没有明白，他气得对心都子说："你说你提问题就直接问吧，为什么这样拐弯抹角呢？现在，先生又转弯抹角地回答，你是明白了，可我却越来越糊涂了呀！"

心都子笑笑说："你想，大路上岔道太多而丢了羊，学习的人却失掉了生命，这说明什么呢？其实学习并没有什么坏处，也没什么不同，只是因为学到最后而产生了差异。先生告诉我们，只要把问题的分析方法归结于本源，这样就不会有得失利害的差别。你呀，投身于先生门下许久了，也学习了先生的很多学问，为什么到现在还听不明白先生的意思呢？唉，没有办法呀！"

第三辑

秦汉时期：思想的角斗场

焚书坑儒

公元前 213 年，秦始皇在皇宫中摆宴席大宴群臣，担任博士（皇帝顾问）的儒生们纷纷向皇帝祝酒。此时，军事长官周青臣说：“过去秦国的土地不过千里，而如今只要是日月能够照到的地方都是我们的领土，皇上的功劳之大可以写入史书呀！之前纷争不断的诸侯，此时也变为了从属于秦的郡县，百姓们和乐自在，千秋万代再不受战争之苦。自古以来，没有哪位皇帝有这样伟大的功德。”

秦始皇听了非常高兴，连连喝酒。

此时，淳于越走上前来。他担任博士一职，秦始皇不是很喜欢他。淳于越说：“我听说商朝和周朝的统治都延续了上千年，那是他们将土地分封给了子弟和功臣的原因，这样诸侯国便会成为中央政权的枝叶和辅佐。虽然我们现在收回了郡县，但是那些子弟们就和平民差不多了。如果有人对中央政权起

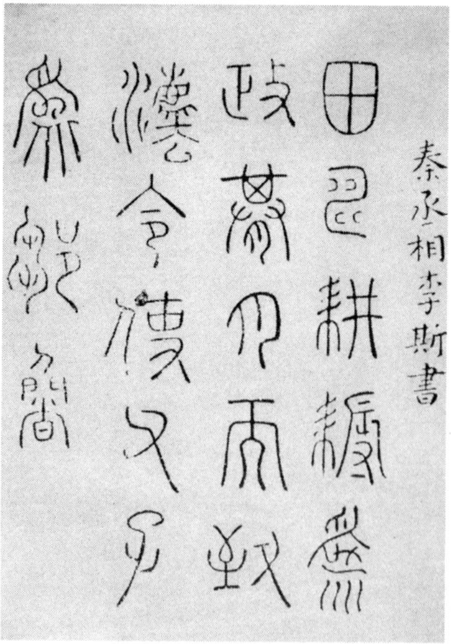

▲ 李斯书法

了歹心，那谁会来救援呢？古人对治理国家已有一套完整的措施，而今不效仿古人，国家怎会长治久安？周青臣明显就是在阿谀奉承，不就是在增加皇帝的过错吗？他这是不忠！”

秦始皇听后虽然不太高兴，但还是将周青臣和淳于越的意见交给臣子们讨论。李斯时任秦国丞相，他对秦始皇说：“历代的政策都不相同，但都能把国家治好，现在并不是他们意见相左，而是情况发生了变化。如今，皇帝创立了这么大的功业，愚蠢的儒生们怎么能够理解？淳于越的观点是古人的观点，今人变化如此之大，怎么能再去仿古？比如，过去诸侯国之间是相互斗争的关系，所以他们渴求得到一些学者的辅佐，纷纷用丰厚的礼物去请。而今，天下统一为秦国，百姓们安心生产，士人们就应当好好学习国家的法令。但这些儒生还是在学习古人的做法，否定现在的政策，天天用自己学者的身份迷惑百姓。现在应该采取措施来制止这些言论了。”

▲ 李斯雕像

随后，李斯又补充说：“这些儒生互相吹捧，到处发表诽谤言论，不顾国家的法令，甚至还对国家法令提出质疑，如果现在不加禁止，那皇帝的权威也会随之下降。在这种情况下，我建议国家出面严厉禁止。”

李斯提出了三条建议：

“第一，焚毁民间的《诗经》《尚书》及学者们的专著，只留下一部分由国家收藏保留；第二，保留医药、占卜和种树之类的书籍；第三，将有反动思想的儒生关押，如有愿意学习法令的，可向官吏学习。”

秦始皇采纳了李斯的建议，焚毁了很多民间书籍，沉重打击了儒学在民间的传播，这就是历史上著名的“焚书坑儒”事件。

当年，孔子的主张就得不到诸侯的采纳。之后，孟子、荀子的主张也得不到诸侯的采纳。孟子曾经说过，天下人的言论不是赞成杨朱，就是赞成墨子，虽然也有儒家学者为政权服务，但儒学的主张也无法得到诸侯的赞同。

到了秦朝，儒学家们又受到这样沉重的打击。经过这次焚毁，儒学的书籍几乎在民间绝迹。

因为当时的政策，国家保留下来一些经典。但在秦朝末期，项羽带兵推翻了秦朝的统治，火烧阿房宫，存于国家的儒学经典因此遭受了重大损失，部分经典已成残本，或者只留于目录中。

曹参任相

秦朝时候，曹参与汉高祖和萧何都是小吏，后来，他跟从汉高祖起兵，立了功，当了齐国的丞相。

曹参刚到齐国时，听说齐国有个盖公“善治黄老言”，于是，他派人把盖公请来。“盖公为言治道贵清静而民自定，推此类具言之。”就这样，曹参用“黄老术”来治理齐国，做了九年丞相，齐国大治。

汉惠帝二年（前193），丞相萧何去世，曹参被召回去当丞相，他离任的时候，告诉他的继任人说：“把狱市的问题当成管理齐地的重要问题，谨慎点，不要扰乱。”

继任人说：“治理齐地难道没有比这更重要的事吗？”

曹参说：“你别不当回事。狱市是善恶并存的地方，你如果扰乱了它，让坏人们去哪儿容身呢？所以，我才把狱市的问题作为搞政治的首要问题。”

原本治理好一个国家就不在苛察，而在于宽容并包。如果你对民众吹毛求疵，那就一定要找出坏人，否则人们就会处于恐惧混乱之中，更不用说治理国家了。

曹参代替萧何以后，继续沿用萧何的办法，没有什么变动，他每天就是坐在家里喝酒。

这一切让汉惠帝看见了，汉惠帝觉得很奇怪，问：“你怎么这样管理呢？”

曹参对惠帝说：“高帝与萧何定天下，法令已经被天下知晓了。今陛下垂拱，我等守职，遵而勿失，不就可以了吗？”

曹参做了三年丞相，老百姓歌颂他说：“萧何为法，顜若画一。曹参代之，守而勿失。载其清静，民以宁一。”

曹参的黄老政治令后世管理者深思，这种政治手段其实就是法家统治术的一个原则。治国要先定出一套规章制度，有了规章制度以后，统治者要守着它，不可轻易改变。比如，在汉朝建立以后，萧何定了一套规章制度。曹参继任丞相后只需要守着它，皇帝和丞相就可以使他们的臣下按照规章制度办事，让老百姓都照着规章制度生活，皇帝、丞相就可以“无为”而治。

早熟的思想家——贾谊

汉高祖刘邦七年，即公元前200年，贾谊出生了，他是河南洛阳人，做过两次太傅。

贾谊从小好学不倦，他的老师就是当时最著名的先生——张苍。张苍是荀况的学生，又在秦朝担任过博士，精通《左氏春秋》。贾谊也正是因为拜了张苍为师，才会年纪轻轻就对历史了如指掌，对评论历史颇感兴趣，写出了流传千古的著作《过秦论》。

贾谊18岁时，能背诵诗书，又能写文章，已经是当地小有名气的学者了。很多人觉得他是天才。

家乡的河南郡守吴公发现了贾谊，非常欣赏他的才学，将他招为自己的门客，特别器重。

可不要小看了这个小小的河南郡守，他的政绩十分突出，善于安抚百姓，“治平为天下第一”。因为这些优秀的表现，汉文帝即位以后便把他从河南调到朝廷，升任廷尉（司法长官）。随后，吴公向汉文帝推荐了青年才子贾谊，文帝又将贾谊招为博士。

同朝的博士比较多，而“贾生矫矫，弱冠登朝”成了一道独一无二的风景，他可是众博士中最年轻的一员。“每诏令议下，诸老先生不能言，贾生尽为之对”，意思是有诏书下来，别人都不能看懂里面的意思的时候，贾谊就可以思路清晰地进行对答了。可以说，贾谊真的是一位早熟的思想家。

一年不到，汉文帝提升他为太中大夫。贾谊上任后，积极向文帝上书，建议发展农业生产，储备粮食，定制度，兴礼乐，使国家长治久安。文帝仔细审阅并采纳了他的建议，而且还打算把贾谊升到公卿之位。

有赞同就会有反对，朝中不少老臣说贾谊“年少初学，专欲擅权，纷乱诸事”。意思是说，贾谊年纪轻轻，刚有一点学问，就想要包揽朝廷的权力，扰乱朝廷的正常秩序了。文帝听信谗言，疏远了贾谊，并且把贾谊调出朝廷，去做长沙王的太傅。

贾谊没想到汉文帝会听信谗言，便怏怏离开。因此，他在赴任途经湘水的时候，想起了正道直行而遭到谗言的伟大诗人和政治家屈原，并引为同僚，写下了情词忧伤的《吊屈原赋》。

到了长沙，贾谊不以个人遭遇为怀，仍以天下为忧，继续上书文帝，请求进行多方面的改革。

▲ 贾谊故居

四年后，汉文帝思念远在长沙年仅28岁的贾谊，便将贾谊召回了朝廷，在未央宫祭神的“宣室”召见了贾谊。汉文帝对有关鬼神的许多事情弄不明白，他常常依靠贾谊，向他提出了很多问题，贾谊都一一为文帝解答。就这样，两人谈话到半夜，十分投机，文帝高兴得把座位移向贾谊。文帝叹服贾谊的学识，自愧不如，事后对人说道：“吾久不见贾生，自以为过之，今不及也。”

可惜，汉文帝对贾谊知而不用，这次贾谊回朝廷并未封官，只是改迁为梁怀王刘揖（文帝宠爱的小儿子）的太傅。贾谊满腹经纶，才为世出而不为世用，这是他一生的悲剧。

汲黯治理东海

司马迁《史记》中写道：“黯学黄老之言，治官理民，好清静，择丞史而任之。其治，责大指而已，不苛小。”汲黯，濮阳人，汉武帝时推行黄老政治的一个人物，汲黯任东海太守的时候，就是用这种黄老“无为”的管理方法治理东海，一年之后，东海太平。

汲黯的这种黄老政治是符合法家“上无为而下有为”原则的。下有为，指的就是汲黯责成他的属吏，叫他们办事；上无为则是指在叫他们办事的时候，要给他们一定的自由，不亲自办事，下属也自由。汲黯的“责大指，不苛小”便是这个意思。

“上无为而下有为”是法家治理国家的原则，汲黯的身体不好，经常得病，但他能够责成他的属吏替他办事，“上”一定要“清静”，这便是黄老之学的“虚壹而静”，“虚壹而静”才能对下属所做的事情做出正确的判断、公正的处理；“上”还必须寡欲，这样就不会乱出主意，也不会瞎指挥。

汲黯还对汉武帝提出了批评，说：“陛下内多欲而外施仁义，奈何欲效唐虞之治乎？”意思是，汉武帝不能寡欲，便不能无为，怎么能效仿唐虞之治呢？

罢黜百家，独尊儒术

中国历史上第一位皇帝——秦始皇统一中国后，主张车同轨、书同文、行同伦，这些举措推动了历史的前进。但是他“以法为教，以吏为师”，因此没有制定出一套集道德规范、法律章程和学术研究于一体的哲学体系。

汉武帝时，皇帝广纳天下贤良文学之士，亲自策问治理国家的纲领。第一次招贤时，丞相卫绾奏：“以申不害、韩非、苏秦、张仪的学说为主的人，只能对国政造成扰乱，请您将这类人罢免。”汉武帝表示同意，从此纵横家一派受到罢黜。

在这样的情况下，董仲舒提出了“罢黜百家，独尊儒术”。他主张：“《春秋》所述一统是千古以来天经地义的事。如今学派混杂，不同学派的老师造成了学生拥有各自的见解和言论。百家是各有各的要义的，甚至相互之间有所抵牾，统治者是没有办法统一了。假如总是变更法令制度，臣下、百姓也就不知道该遵守哪个。所以，我觉得除礼、乐、射、御、书、数之外，其他言论

▲ 董仲舒画像

学说都要废除。只尊孔子的学说和言论，然后天下便有一致的条例准则和明晰的法令，人们的想法也就明晰了。”

董仲舒的一统，就是一切统一于天子朝廷的专制统治，也就是中央集权制。想要中央集权，就要先统一人们的思想，“罢黜百家，独尊儒术”便是最好的办法。

从那以后，儒家处于一尊地位，统治中国长达2000年之久。客观地说，独尊儒术的确起到了统一思想、统一舆论、稳定国家的作用，但是随着时代的发展，这种做法逐渐成了禁锢中国古代思想发展的枷锁。

君权神授

董仲舒曾根据《春秋》里记载的历史事件来观察“天人相与之际”，当他有所感悟时，觉得十分可怕，因为天人相互交涉的关系竟然可以直接影响国家政权的成败兴衰。也正因如此，他十分重视天人关系的问题。

董仲舒觉得，天人之间是相互交涉、相互影响的，阴阳五行、自然现象及人类社会都是根据上天的意思形成的互相制约、互相调和的大系统。为了进一步论证当下中央集权专制的合理性，他将君主标榜成“天命”或“天意”的执行者。

董仲舒认为，一个人之所以能成为统治者，并不是人力就能完成的，而是他禀受了天命；君主可以执掌生杀大权，发号施令，统治天下，就是因为他的权力是“天意之所予”；君主是上天和人民之间的联系者，上天的意思通过君主传达到人间；君主称为“天子”，就说明上天与天子本就是父子关系，儿子从父，君主就要服从天命；君主和百姓的关系也如是，天下之人服从于君主，就像是孩子孝顺父母一样。

董仲舒将君权神授的观点表达得淋漓尽致，提取他最主要的观点就是：君主是执行天意的，百姓要服从他的统治。

人的命运

董仲舒还提出了“天人感应”的说法。他肯定同类事物之间有着相互感应的关系，就像声音共鸣、天气对疾病的影响等，都是“物之以类动者”，他将其称为“同类相动”；与此相似，“同类相动”的原理也可以用来解释天人之间的相互感应。

比如，拨动这个琴的宫音弦，其他琴的宫音弦就会作响；磁石在不接触的情况下，会吸引铁制品。类似的现象积累起来，到秦汉之际，终于使人们得出结论，一个存在物可以和其他存在物发生感应，气是它们感应的中介，传递着它们的相互作用。董仲舒根据天人感应目的论，对《春秋》里记载的自然灾害和天象变化进行歪曲的解释，又把儒家学说同阴阳家学说结合起来，为两汉时期流行的谶纬迷信思想提供了理论基础。

董仲舒认为：“天地之符，阴阳之副，常设于身。身犹天也，数与之相参，故命与之相连也。”天人命运相连，但又是一种怎样的联系和影响呢？董仲舒解释说：“国家将有失道之败，而天乃先出灾害以谴告之；不知自省，又出怪异以警惧之；尚不知变，而伤败乃至。”

也就是说，人间之道，即仁义道德和礼乐文化，在冥冥之中受到了天的监督和主宰。天任德而不任刑，好生而恶杀。如果人间失德，施行“虐政”，那就会招来上天的惩罚，上天会用自然灾害来向人类发出“谴告”；假如人受到谴告后仍不悔改，那么天就会显出异象来威吓；假如人见到威吓后还执意下去，那人就会遭受“伤败”“殃咎”，从统治者方面来说，可能就是国家灭亡、政权垮台。相反，如果统治者遵其道，便是顺从天意；顺从天意者上天就会以风调雨顺、五谷丰登、国泰民安作为奖励。

董仲舒还指出，天人感应的原则，是同类相感。即善事会感应出好的现象，恶事会感应出坏的现象。人的阴气会和天的阴气发生感应，人的阳气也会和天的阳气发生感应。这样，如果发生旱灾，就可以造一条土龙，使地上发出阴气，从而感应天的阴气，使其加重，降下雨来；如果发生涝灾，可以击鼓，使地上发出阳气，感应天的阳气，使其加重，使天放晴。

以上就是董仲舒解释的“天人感应”，在这个学说中，既可见丰富的系统思维，也能见到一些荒唐的类比。比如，他把天加以神化，以其来提高统治者的权威，同时又借天来对统治者形成约束和威慑。

儒家学者董仲舒

性三品

人性究竟如何，是中国几千年来经久不衰的一道哲学辩题。

王充在《论衡》中记载：周代，有一位名为世硕的人曾著过一本《养书》，书中论述的是人的本性有善有恶；孔子主张上层人智慧，下层人愚昧；孔子的弟子漆雕开、宓子贱等也主张人性有善有恶。在王充看来，孔子这位圣人对人性的分析也为：人性有善有恶。

董仲舒认为，人性是本来的状况，是不经过教育就具有的东西。他觉得孟子的人性本善说并不成立，就如米是从谷子中出来的，但谷子并不能说成是米。人是由阴阳二气聚合而成的，阴的本性是恶，阳的本性是善，因此，人的本性就是阴阳相合，有善有恶。

之前，人们大多从社会现象推论人的本性是善是恶，而董仲舒却率先从构成人的身体质料来分析人的本性，这为中国古代哲学思想中的人性学说开辟了一条新的道路。在董仲舒之后，人们再次讨论人性问题，必先分析构成人身体的质料，再去推论人的本性。

当然，董仲舒的推论只局限于普通人，在他的观点中，圣人的本性就是善的，坏人的本性就是恶的。此法将人性分为三类，为之后的“性三品说”打下了基础。之后，有人也提出过这样的疑问：“圣人和坏人的身体不也是由阴阳二气构成的吗？”但董仲舒并没有回应这样的问题。

王充在董仲舒之后指出：普通人的本性有善有恶；孟子主张的人性本善只是针对上等人来说的，荀子说的人性本恶是针对下等人来说的。因此，人性应该分为三等——善，有善有恶，恶。

唐朝时期，韩愈写了《原性》，“性三品”正式被提出。此后，性三品说逐渐被完善。韩愈的“性三品说”指出，人的本性是与生俱来的，而这些与生俱来的东西就是仁、义、礼、智、信，它们是组成人性的基本内容。

上品人将一条做好，其他四条便也能做到；中品人也许有一条做得较差，其他四条则勉强可以；下品人其中一条完全做不到，其他四条也常常背道而驰。他还指出，教育可以使中品的人变好，但无法改变下品人的本性。

都是“天人感应”惹的祸

董仲舒在江都时，曾在江都易王刘非处住了六年。

刘非虽然是易王，但为人却非常粗鄙，没有多少文化，极其迷信。恰好，董仲舒研究的是阴阳五行、谶纬神学，刘非对董仲舒十分佩服，常常与他一起讨论。

当时，江都常常发生小规模的农民起义，刘非对这种情况十分恼火，却无所适从。董仲舒来江都后，一面嘱咐各郡、县用儒家仁义道德去教化农民，一面又起草奏章建议朝廷用武力镇压，双管齐下，将此地的农民起义镇压了下去。刘非极为高兴，敬董仲舒为上宾。

在董仲舒的思想中，“天人感应”是无可置疑的。公元前 135

年四月，长陵高园殿发生火灾；同年六月，辽东高庙着火。此时，董仲舒虽在家中养病，心中却焦虑不安，随即上书汉武帝，大概意思是："汉高祖庙园失火，是'天人感应'，上天对时政不满，有意降祸人间。"

董仲舒奏章的草稿刚刚打好，还没等措辞上表，中大夫主父偃就前来看他。主父偃素来与董仲舒观点不合，虽然他同样精通孔孟之道，但自从当官后，搜刮民财，敲诈勒索，无恶不作。主父偃将草稿藏于身上，带到了汉武帝面前。

汉武帝见后大怒，召集使臣商讨处理措施。此时，董仲舒的弟子吕步舒站了出来，他对奏章出于谁之手并不知情，但对奏章内容开始了大肆评价，称此奏章危言耸听、大逆不道。最后，汉武帝下令关押董仲舒。

吕步舒这才明了真相，他百般营救，董仲舒才得以出狱，但此后整整 10 年，汉武帝都未再起用他。

三年不窥园

董仲舒自小精读《诗》《书》《易》《孝经》《论语》等书，还对孔子所编的《春秋》进行了详细研读。因而，他对"祖述尧舜，宪章文武"的孔子非常崇敬。为领会孔子的儒家思想，甚至还特地拜公羊派儒生子寿为师，苦心钻研，决心把儒家思想系统化。

汉景帝时期，董仲舒达到了"专精于述古"的程度，成为官方讲授儒家经典的博士。不过，汉景帝并未重视董仲舒。董仲舒为排解怀才不遇之苦，写了一篇《士不遇赋》，他高声疾呼："呜呼嗟乎！……时来何迟？去之速矣。屈意从人，非吾徒矣。正身俟时，将就木矣！”之后，他闭门谢客，整日于家中专心致志地钻研儒家经典。

董仲舒的屋后本有个园子，虽面积不大，景色却颇为别致。更为特别的是，园内种满了各种奇花异草，冬秋不衰，春夏尤艳。但是，董仲舒苦心已下，他为解《春秋》中的微言大义，刻苦攻读，三年未进园子一步。

由于董仲舒成年累月地于屋内读书，不见阳光，身体变得极其虚弱，面黄肌瘦，呼吸短促，还得了肺病。但功夫不负有心人，三年的闭门苦读，使董仲舒终于精通了《春秋》，成了闻名一时的鸿儒。每当有客人来，他就开始滔滔不绝地谈论三皇五帝、尧舜汤武，士大夫们都称赞他“专精于述古”。

董仲舒本身就是博士，是有资格自己招收学生的。为了扩大名声，传播儒学，他在家中筹办了一间学堂。当时，董仲舒已经很有影响力了，人们听说他要招收徒弟，纷纷赶来求学。一间小小的学堂竟也门庭若市。

据资料记载，董仲舒前后收了几百个弟子，其中不乏得意门徒，如吕步舒、殷忠、嬴公、褚大等。加上学生又转相传授，董仲舒的声誉越来越高。

龙蛇之叹

扬雄，西汉著名哲学家、语言学家，主要哲学著作有《太玄》《法言》，他提出以“玄”作为宇宙万物根源的学说。

年少时期，扬雄抱负远大，勤奋刻苦，博览群书。他读书时最大的特点是“不为章句，训诂通而已”。他为人俭朴，或因口吃，不善于言谈。但是，他的思维活跃，常常沉思，清闲之时，还会以辞赋为乐。

扬雄最钟爱的作品出自四川的司马相如，司马相如的作品博大而华丽，温和而典雅，扬雄的辞赋中时常有司马相如所作之赋的韵味。

后来，扬雄又爱上了屈原的作品，认为屈原的文章比司马相如的还要精美。但是，他却难以理解屈原的选择，为何如此才华横溢之人，却为世道不容，最终含恨留下《离骚》而投江自尽？扬雄每读屈原的作品，总会潸然泪下，心感悲凉。

▲ 扬雄画像

他感叹：“君子适时，以施展自身才华；不得时，虽为龙，也只能像蛇一样。”在这样的情绪下，他开始感叹政治腐败，自己生不逢时。最终，他决心不委身于江湖，而以写作为乐，著述过程中，他还常常选取《离骚》的文句，反其意来用。

晚年时期，扬雄不再沉迷辞赋，他用“雕虫篆刻”“壮夫不为”来形容辞赋。随后，便投身于哲学研究之中。

烛火中的哲学

中国两汉之际，恰逢公元纪年伊始，一位跨越前后汉的著名学者桓谭，路过曾为县令的朋友杜房门前。见杜房靠墙烤着炭火，点着麻烛，正在读《老子》，他便停步上门拜访。

杜房对桓谭的到来感到十分高兴，恰好他也有问题想与人讨论，于是，他问桓谭："老子用恬淡养性，致寿数百岁，今行其道，宁能延年却老乎？"

桓谭低头看到杜房桌上的麻烛此时已经垂下差不多一尺长的烛泪，便以此做比喻说："精神居形体，犹火之燃烛矣；如善扶持，随火而侧之，可毋灭而竟烛。烛无，火亦不能独行于虚空，又不能后燃其灺。灺，犹人之耆老，齿堕发白，肌肉枯腊，而精神弗为之能润泽。内外周遍，则气索而死，如火烛之俱尽也。"

桓谭借麻烛垂泪阐述了人的精神与形体的关系，回答了杜房的问题。回到家中，他再次思考自己的观点，对着麻烛自斟自饮。

忽然，他看到麻烛快熄灭了，但只烧了一半，这是什么原因呢？原来麻烛一侧的皮剥落了，火无法接上。于是桓谭转动麻烛，火顺燃过去，就又亮了起来。又过了一会，麻烛烧完，烛油燃尽，烛火也就熄灭了。

烛与火，火与烛，烛存火在，烛尽火灭。这种现象给了桓谭灵感，他想：人不正如烛火吗？人的生命有了亏损，如烛火燃偏，此时慎

▲ 桓谭塑像

重调养，便可以平安度过；当烛火燃尽，如人的形体与精神消亡，形体没了，魂魄自然也会随之飘散。在桓谭的观点中，人的精神对人的生命起着极其重要的作用。

学者刘伯师曾与桓谭探讨过这个问题，并提出了相悖的观点。

夜间，刘伯师与桓谭对烛而座，眼见油尽灯灭，桓谭借此告知刘伯师："人之衰老如同油尽灯灭。"

刘伯师点头认可这个比喻，但提出了自己的意见，他说："灯烛尽，当益其脂，易其烛；人老衰，亦如彼自缵。"灯烛燃尽可添油换烛，人之衰老，能不能也通过补充替换的办法而获得新生呢？

桓谭说："人即禀形体而立，犹彼持灯一烛，及其尽极，安能自尽易？"

桓谭否定了刘伯师的观点，他强调：灯添油或换烛并不是灯烛自身去完成的，而是借助外力而改变的；人的生命依靠自己的形体而生，衰老出于自然，又有什么外力能给人类换形体呢？的确，人的形体与精神本就是相互依赖的，人类想要长寿，就要善于安神养生；但即使再修养身心，也会有油尽灯灭之时，形体精神干枯时，人也只能走向死亡。

周公和王莽的忠与奸

周公，周武王的弟弟，西周的开国功臣。周武王病危之际，周公曾向天祈祷，要代周武王去死。

此后，史官把周公写的祈祷书装进了金属匣子里。周武王去世后，周公受其委托辅助年幼的周成王处理朝政。

在周公的辅助之下，周成王制礼作乐，开疆拓土，建立了不朽的功业。

但周公的兄弟管叔、蔡叔心生疑虑，各怀私心，他们觉得周公就是为了谋权夺位，朝中一些偏向于他们的派别也跟着盲目附和，几天后流言充斥了整个朝野。

此时，年幼的周成王也信了流言，处处怀疑周公的用心。直到有一天，天降大雨，雨吹进金殿，那个装着周公祈祷文的金属匣子打翻在地，周成王也因此看到了周公的祷文，悔不该听信流言，误会忠臣良将。

王莽，汉元帝皇后的侄子，家世显赫，叔伯、兄弟、子侄中被封为公、侯的有几十个，但他们大多数没有什么真才实学，而且常常倚仗权势骄奢淫逸。

王莽和他们并不相同，他刻苦自励，虽然有显赫的家世，但他及家人都过着十分朴素的生活。王莽的朋友很多，也十分热心，常常做一些扶危济贫的事。王莽的官做得越大，他为人行事就越谨慎，对自己的家人管教得也越严，对有才有德的贤良之士也越谦恭。

世人都称赞王莽的德行，皇帝及士大夫们也都加以赞赏。王莽的官路因此变得十分顺畅，他一路从大司马、安汉公做到“摄皇帝”，即代理皇帝，这是有史以来鲜有臣子能够达到的待遇。

不过，王莽并没有停止他“奋进”的脚步，他甚至建了自己的“新朝”来取代汉王朝，做了真皇帝。刘氏子孙就是在不经意间，把江山拱手送了人。他们也想不到一向谦恭的王莽会有这样悖逆的行为。

人对事物的认识是需要一个过程的，特别是一些复杂的事情，摆在人的面前时，一定要经过一个长期的过程才可以被分析透彻。最重要的是全面看待，不能只看片面或者一时。中国古代哲学家认为，认识就应该是一个具有复杂性、长期性的深刻体会。在《吕氏春秋·季春纪·论人》中，也提出了观人之法，如“八观六验”“六戚四隐”等。

谁来做皇帝

儒学流传到了汉代，主要的核心理论便是董仲舒的“天人感应说”。

“天人感应说”就是把看到的一些异常的自然现象，当作上天对人的指点。通过不同的自然变化，判定会对谁产生影响，判定这种反应是上天的批评还是表扬，就是汉代儒者最重要的任务之一。

对此，汉代儒学者们有很大的分歧，哪怕同意这种观点的儒学者，受到现实政治和利益的干扰，对上天指示的解读也会变得不同。因此，很多人都盼着有一种明确的或者比较明确的理论给出结论，来结束这种纷争。

西汉末年，社会危机和政治危机都达到了空前严重的程度，此时亟需再出现一位圣人，来挽救时局，还天下安宁。百姓们也迫切希望上天能指派一个这样的圣人来，所以儒学者们或直接给出预言，或假借注释儒学经典、假托神灵来得出预言，谶纬之学便出现了。

谶纬，谶是预言，纬是相对经而言的，是对经书的注释。它的学术核心，就是指出该由谁来做皇帝。

当时，王莽独揽大权，而且与大臣关系也处理得很好，赢得了朝野上下的普遍拥护。他为了笼络人心，就利用了谶言的办法，告诉人们上天让王莽来就是做皇帝的。后来，拥护他的人果真越来越多，他最终当上了真皇帝。

不过，王莽做皇帝后，犯了政治失误，又未能及时地处理解决这种危机，国内局势一片混乱。一番混战过后，刘秀夺取了帝位。与此同时，一些人就开始利用谶纬书来解释这种局势，称从预言上来说，刘秀就是应该做皇帝的。

东汉以后的三国魏晋南北朝时期，很多皇帝都会在继位前后散播谶纬，证明自己做皇帝的合理性。当然，也有些人利用谶纬，标榜自己应该做皇帝。汉代最重要的谶书是《河图》9部、《洛书》6部，据说里面记录了从上古黄帝开始，历代英明的君主所接受的上天任命的预言。纬书有30部，内容是历代圣人对“上帝”预言的解说。其他儒家经典著作，每部经都有自己的纬书，经过整理，由国家认定的有36部，合计81部。

执政者以谶纬书来证明身份，谋反者也以谶纬书证明身份，这样一来，谶纬书反而会给执政者造成麻烦。所以皇帝开始禁止谶纬书的传播；到了隋代、唐代，对谶纬的禁止更加严厉；唐代以后，谶纬书被彻底禁止了。

皇帝为了自己的政权稳定，将谶纬书变成了禁书，也正因如此，我们现在能看到的谶纬书很少，这对中华文化的传播也是有一定影响的。

老子是如何被“神化”的

道家提倡的是“清静无为”的黄老之术，西汉文帝、景帝（前179—前141）两代都以此术治天下，而且还具体化为与民休息、恢复生产的政策。但是，一旦黄老之术与神仙家或方仙道合流，就具有半宗教或准宗教的神秘色彩。

道家黄老之术的核心内容就是老庄之道，黄老之术被神学化、宗教化的过程，其实也是老庄哲学被神学化、宗教化的过程。

汉武帝十分宠信李少君、少翁等燕齐方士，进行了一系列的炼丹求仙活动。

神仙家派在皇家的支持之下，希望道家学派能像儒学谶纬化一样，建立起一套高深玄妙的神学理论体系。于是，他们仿照西汉儒家尊崇尧舜、神化孔子的方式，将自己的学派与黄帝、老子及其学说攀亲，借黄帝、老子的地位与声望提高自己，借他们的学说来宣扬自己的教派。

汉武帝元鼎四年（前113），河东地方偶然挖出一口铜鼎，方士们又借这口鼎来说事，他们对汉武帝说：“这口鼎出土的时间跟当年黄帝得鼎的时间是同日同时，如果武帝也能像黄帝一样到泰山封禅，那就有可能像黄帝一样学仙升天。”神仙家们也说：“黄帝当年筑了五城十二楼来迎接神仙，而且黄帝一边战争一边学仙，百余岁后骑龙上天得道成仙。”从这时起，神仙家们每次宣扬神仙，都借黄帝之名。

东汉时期，神仙家又将老子神化。东汉初年，益州太守王阜作《老子圣母碑》，他把老子与圣母放在了相同的位置上，同时也将老子列在创世神的尊位上；老子的学说也直接被人格化，称“老子者，道也”，也就是说，老子就是“道”，他们是异名同体的原初神。

老子《道德经》中的“道”本就是恍恍惚惚、窈窈冥冥的原初浑然体，也是一种真实可信的万物始原，所以老子自然就是原初神。

东汉桓帝时代（147—167），老子又被进一步神化，汉桓帝把老子请上神座加以祭祀。《后汉书·王涣传》中记载“延熹中，桓帝事黄老道，悉毁诸房祀”，此时，“黄老道”的名字出现了，黄老之术也正式发展成为黄老道。

后来，神仙家又与老庄学说攀亲，那是因为老庄的哲学中也有“仙意”。老庄的“道”是天地万物的原创者，是超乎形象的宇宙最高法则。比如，老庄学说中以尘世为秕糠，以富贵为物累，追求清静无为、静观、玄览、含气、抱一、坐忘、虚心和内心的安宁；再如，《道德经》中主张“谷神不死”“长生久视之道”的养生论。《庄子》书中“不食五谷，吸风饮露，乘云气，御飞龙，而游乎四海之外”，听起来就是神仙家的说法。因此，神仙家、黄老道和早期道教弟子都在宣扬“修道养性”可以长生不老的神话。《史记》中关于老子活了160余岁或200余岁最后“不知所终”的说法，正好验证了道家修仙、长生的说法。

在此理论基础上，东汉张道陵创立了五斗米教，张角创立了太平道教，从那以后，道家更加肆意地改造和利用老庄哲学，将多年流传下来的古典文化充分加以利用，形成了独特的神学系统。后期，道教作为民族宗教，融中国士大夫雅文化及民间俗文化于一体，融上层正统思想与下层异端意识为一炉，足以与外来佛教抗衡。

道教是如何产生的

道教是中国土生土长的宗教，它的产生与佛教传入时期大概一致。最初，它的主要来源为古代的民间巫术和神仙方术。后期，道教借《老子》《庄子》附会引申，宗教组织和活动有了一定规模，再加上帝王皇家的支持，道教便正式诞生了。

道教形成的最初阶段是很复杂的，它吸收儒、阴阳、谶纬和佛教各家的成分，并没有自己独特的教义。

《太平经》为早期道教经典，书中介绍道家崇拜的至上神是“委气神人”，辖神人、真人、仙人以及道人，他们共同组成道家的神仙谱。在这本书里，汉代道家关于气的学说被神秘化，并将养生论引申为长生不老说。它告诉人们，通过养性积德，如行孝、守一、含气、服药等，就可以达到长生成仙的目的。同时，又提出道家主张的是阴阳调和、五行当位，这才是君、臣、民同心协力的封建社会太平理想。受儒家积善余庆、积恶余殃的启发，提出“承负”说，意思是先人之功过，积之既久，则延及子孙，而有福祸之异。

东汉时期，被后世称为“丹药之王”的魏伯阳著《周易参同契》，简称《参同契》。魏伯阳在读了《黄帝内经》《周易》等书后，综合以往炼丹方术，加入了《周易》、黄老思想，著成了这本内外丹结合的名作。内丹，指的是以人身为炉体，按照阴阳的变化、64 卦的运行，修养精气结成的丹。外丹指以药石炼制成丹。两丹相互配合，便可养性延命，成为不死仙。

汉灵帝时期，政治腐败，危机四起，道教的三股势力逐渐强大，常与朝廷对抗。在三辅以骆曜为代表，教民缅匿法；东方以张角为代表，即太平道，主要以符水治病教化众人；汉中以张脩为代表，他的道略与张角相同，又设了祭酒之处，病人出五斗米，他们便用《老子》五千文，为病人作三官手书，世称五斗米道。

太平道迅速发展到数十万人，连接8州，以36方为组织系统，打着“苍天已死，黄天当立，岁在甲子，天下大吉”的口号开始农民大起义。虽然汉王朝出兵将其镇压，但此时朝廷已是岌岌可危。随即张脩率五斗米道起义，不料发生了内乱，张鲁袭杀张脩，夺首领之位，占汉中，自称师君。从那以后，五斗米道就变成张鲁割据巴汉的工具。

三国时期，张鲁向曹操交了降表，曹操封其为镇南将军。此后，五斗米道实行政教合一，以祭酒为官，有严密的组织，并重视教义的建设。也正因如此，五斗米道才得以保全。

据考证，《老子想尔注》就是当时五斗米道的《老子》讲疏，内容多为长生成仙说和忠孝仁义等封建道德思想。它在《太平经》的基础上，进一步将道戒具体化，但反对内胎炼形术与胎息之法。最重要的是，“太上老君”的神名和“道教”的教名在此被确立下来。

到了南北朝时期，五斗米道以天师道的名义继续发展，成为中国本土的第一宗教。

白虎观会议

东汉时期有一个著名的儒学会议——白虎观会议。

儒学重礼教，儒者认为天子乃承天命而生，其话自可代表天意。所以，唯天子才有资格主持制定礼仪制度，主持校订经书的文字，裁决儒学中各种争论的是非。

西汉时代独尊儒学，儒学理论中的种种问题应时而生。汉宣帝（前 73—前 49 在位）曾召集当时的著名儒者，在石渠阁开会，讨论儒学中的种种问题，这些问题最终由汉宣帝裁决，辨明是非。当时，汉宣帝沉迷于《春秋穀梁传》，因此，《春秋穀梁传》在争论中取胜，国家还设立了专门研究、传授《春秋穀梁传》的学官。

100 多年后，儒学中再次出现分歧，东汉章帝便召集有关官员和著名儒者在白虎观开会，讨论有关儒学的名词、概念的阐释和定义，同时，也将儒学的各种规定、制度及历史和现实中提出的种种问题一一解决。这次会议沿用了之前的方法，儒者们发表自己见解之后由汉章帝裁决。

此次会议规模很大，会议讨论的结果也被正式地记录下来，史称《白虎通义》，即白虎观决定的对儒学普遍适用的解释。

《白虎通义》中，第一个问题便是："什么叫'天子'？"解释为："王者父天母地，为天之子也。"之后，又问："历代的帝王，德行有好有坏，为什么都称为天子？"回答是："以其俱命于天，而王治五千里内也。”之后，引用《尚书》《中候》《易》等儒家经典做了详细解释。

后又有问题问：“爵位为什么有五等？”回答是：“以效法五行。”又问：“为什么有的爵位只有三等？”回答是：“以效法三光。”又问：“为什么有的效法五行，有的效法三光？”回答是：“质家者据天，故法三光；文家者据地，故法五行。”之后，引用《含文嘉》《王制》《春秋传》中的句子加以论证。

讨论完人间的官制，便开始讨论神灵和祭祀。比如，问：“什么是五祀？”答案是：“祭祀门、户（窗）、井、灶和中霤（屋檐或堂屋）。”追问：“什么人可以祭祀？”答案是：“只有大夫以上级别的人才可以祭祀。”随后，引《易》《礼记》等加以旁证。祭祀是礼制的主要部分，讨论祭祀，也就是讨论礼制的问题。就像大家讨论：“天子为什么一定要在庙里派遣大将？”最后决定的答案是：“表示听祖宗的话。”

董仲舒之前提出的灾异问题、阴阳五行问题、人的本性问题、自然物的性质以及婚丧的礼仪，都可以在《白虎通义》中找到答案。这本会议记录，可以说是汉代甚至后期儒学的纲领性文件。

无神论斗士王充

王充，字仲任，东汉上虞人，他是中国历史上少有的唯物主义思想家和哲学家，对现实社会富有批判精神。

王充自小就既聪明又用功。他从 6 岁开始识字，8 岁进入私塾读书。年至 20 岁，就去了洛阳的太学里求学。除正学的课业之外，他的课余时间一直在读书，久而久之，太学里的藏书几乎被他读遍了。于是，他又到街市的店铺里找书来读。王充读书十分认真，而且记忆力很强，哪怕是新书读一遍，他就可以把主要内容记下来。随着他读的书越来越多，他的知识量也越来越大。

东汉前期，是一个谶纬神学猖獗的年代，王充没有被神学思想迷惑，他用“重效验”“疾虚妄”的求实精神揭露和抨击了“天人感应”、谶纬神学等迷信思想。

王充根据客观事物的真实情况和当时自然科学研究的成果，否定了天有意志，提出了以“天道无为自然”为基本特征的一系列唯物主义的观点，王充觉得封建统治阶级宣扬的“天人合一”具有很大的欺骗性，甚至还对那些“人死为鬼，有知，能害人”的迷信邪说进行了强烈抨击。

东汉时期朝廷腐败，王充没有选择仕途，他的一生都在家里著书。为了写书，家中几间屋子都装满了他搜集的资料，甚至连房间的窗台上都放着他写作的工具。几年来，他闭门谢客，拒绝应酬，终于完成了一本以宣传科学和无神论为主要内容的著作——《论衡》。

《论衡》全书有85篇，共20余万字，包括天文、物理、史地、文学艺术等各个方面。比如，史书中一直流传着这样一个故事，书中以“善有善报”来说明因果报应的必然。

春秋时期，楚国的楚惠王一直被肚子疼困扰着。一天，他正在吃酸菜，发现酸菜里有一只水蛭。他并没有把水蛭挑出来，因为挑出的话厨师可能会被处死，于是他没有出声吞下了水蛭。

晚上，楚惠王解大便很顺畅，不仅排出了水蛭，肚子疼也好了。

王充看了故事后，他批驳说：“水蛭之所以会被排出来，是因为人肚内的温度高，水蛭经受不住，热死了，自然会出来。楚惠王肚子疼是因为体内有瘀血，水蛭恰好吸血，在水蛭还没热死的时候，吸走了瘀血，所以楚惠王的肚子疼自然好了。这只是巧合，而不是‘善有善报’。”

王充以科学的精神来思考问题，在“罢黜百家，独尊儒术”的汉代，虽然他精通儒家经典，却不恪守一家之言、章句之学，敢于议论经典之书、圣贤之言的是非得失，这在当时，甚至在整个封建时代都是不可多得的。

龙种与杂种

王充认为谶纬迷信的说法很荒谬，他提出了元气自然论，否定了鬼神迷信的有神论观点。在封建社会为了把帝王加以神化，谶纬迷信称帝王为人与异物交感的产物，如尧是尧母与赤龙交感而生，刘邦是刘母梦中与龙交感而生等。

王充觉得，交感施气要同类的东西才可以，龙与人是不同类的，那“何能感于人而施气”？王充说：“如果照着那样的说法，龙应该属于兽类，那把帝王说成龙种，帝王不就成了禽兽与人所生的杂种了吗？”

王充还对当时的很多礼制提出了质疑：“夫论解除，解除无益；论祭祀，祭祀无补；论巫祝，巫祝无力。竟在人不在鬼，在德不在祀，明矣哉。”他认为天道自然，风雨变化各有定时，想要通过祭祀等方式改变天时是不可能的；对祖先的祭祀只是怀念祖先的一种仪式，也不能通过祭祀来换得祖先神灵的保佑。所以，用祭祀的方式求助鬼神并不会有效果，要想改变，一切都得靠自己。

在经典中，还有些关于人死变鬼，鬼有知、能害人的说法，王充也给予了否定。他说：“人和物一样，物死后不能变成鬼，那人死后也不能变成鬼。”又说：“人死血脉竭，竭而精气灭，灭而形体朽，朽而成灰土，何用为鬼？”意思是精神存在依赖于形体（身体），人死后精气消失，形体腐朽，精神不复存在，那又何来有知之鬼？人死便会无知，又怎么可能化身为鬼？既然鬼根本就不存在，那么自然，鬼害人、报仇就是更不可能的事了。之后，王充在《订鬼篇》提出，所谓活见鬼不过是一种“虚见”而已。鬼的观念完全是由于人的疾病所导致的幻想，也就是说，人有病的时候就容易恐惧，“畏惧则存想，存想则目虚见”。

王充的元气自然论为后来以气为本的唯物主义世界观提供了基本的理论模式，他用细微无形的元气说明万物的构成，和以往人们把某种有形的物质形态作为万物本源的世界观相比，在理论上更为圆通。

圣人也是凡人

王充认为，圣人也是凡人，只是圣人善于运用直接经验和间接经验来处理问题、判断事物。他说：“如果一个人隔着墙说话，圣人能知道他的皮肤颜色、身材高矮、籍贯、姓名和家族渊源吗？水沟里的死尸、沼泽中的枯骨，圣人能知道他生前的职业和死亡的原因吗？”所以，圣人“不目见口问”也是无法断定的。

经记载，孔子向公明贾讨教后才明白公叔文子不言、不笑、不取的原因；孔子之所以能掌握一个国家的国情，是因为他身边有人告诉他；孔子见颜渊捡吃被尘土弄脏的饭，便说他偷吃；孔子当初也没能及早避开卫国人的包围；孔子还以为颜渊是被卫国人害死的；孔子本想避开阳虎，却又在路上撞见；孔子让弟子子路向长沮、桀溺打听渡口；孔子找不到父墓，只好将母棺殡于路旁；孔子知道父母坟头被冲垮是弟子告诉他的；孔子问了晏子才明白鲁国的礼节有什么意义……

当初，虞舜去淘井，结果人们误以为他的父亲和弟弟要谋害他；周公想要了解天意不得，便去卜三龟；周公不知道哥哥管叔会背叛，让他去监视武庚……

以上的种种事例充分说明，“圣人不能先知”，他们也是“耳闻目见与人无别，遭事睹物与人无异”，换句话说，圣人也是凡人！

鬼神迷信的存在

王充的理论体系中多次强调“衰世好信鬼，愚人好求福”，意思是，如果朝廷腐朽落后、百姓愚昧无知，人们就越容易相信鬼神迷信，这也是迷信产生与存在的根本原因。

王充认为，人死犹火灭而不能为鬼，那么活人成神仙的事情有没有呢？王充是这样回答的：“活人可以‘得道仙去’‘度世不死’，那其实只是一种妄想。”之后，在《论衡》中，他将世间流传的10种得道之法拿出来，一一反驳，指出问题所在。

他觉得，“得道仙去”本身就是谎言，比如“一人得道，鸡犬升天”故事中淮南王学道全家连同鸡犬一块儿升天的事，王充批驳说：“淮南王刘安是汉武帝时候的人，当年他的父亲刘长死于流放途中，他心中存恨，便召集一帮道士策划谋反，没想到事情败露，走投无路之下自杀身亡。这件事‘天下并闻，当时并见’，谁看到他一人得道，鸡犬升天了呢？那真是睁着眼睛说瞎话。”

之后，他又以科学知识解释了“服食药物”“辟谷不食”“恬淡无欲”等“度世不死”之法。对于“服食药物”的说法，他指出：“服药调养身体，可以让人少生病，但不能长寿成为仙。如果用药过度的话，不但调养不了身子，反而可能会中毒。”

再如“辟谷不食”，也就是不吃饭修仙，他批驳说：“不饮食，违背人的生理本能，你肯定会饿，就像不穿衣服会冻得发抖。那种常常又冷又饿的人，怎么可能长寿？”

“恬淡少欲”在他看来更是荒谬，他说：“‘人非草木，孰能无情？’鸟兽草木的确欲望很少，但是它们也会老也会死，草木的确没有欲望，但也活不过一年呀。”

最后，他在扬雄、桓谭等人的有生必有死的思想基础之上，阐明了有始必有终的朴素辩证法思想，彻底否定了活人可以成仙的迷信。他认为：“‘死者生之效，生者死之验也。夫有始者必有终，有终者必有死，唯无终始者乃长生不死。’‘夫人，物也，虽贵为王侯，性不异于物。物无不死，人安能仙？’……那些求仙的方法，一定不会成功。”

王充思想举隅

人性有善恶

王充是中国古代少有的，能从朴素的唯物主义的角度发现问题的哲学家。他揭示了人性与教育、环境的关系，充分肯定了教育、环境对人成长、发展的重要作用。

在人性的问题上，王充否定孟子的“人性善”和荀子的“人性恶”，更否定董仲舒的“性三品”，他认为人性应该是有善有恶。

首先，在王充看来，人由于先天禀气之不同，生理素质是有差异的。“实者，人性有善有恶，犹人才有高有下也。”“人之善恶，共一元气；气有少多，故性有贤愚。”中国古代的科学发展水平十分有限，王充观点中的“气”，就是现代人常谈论的遗传因素。可见王充在人性的认识上，是比较科学的，更是极富唯物主义思想的。

其次，王充又阐述了教育与人性的关系。人有善恶、才有高下，那么在此基础之上，“论人之性，定有善有恶。其善者，固自善矣；其恶者，故可教告率勉，使之为善”。即人性是可以通过教育改变的，从这点来看，“性可教而为善”的观点明显具有唯物辩证法的影子。

再次，王充阐述了环境对人性发展的影响。“蓬生麻间，不扶自直；白纱入缁，不练自黑。彼蓬之性不直，纱之质不黑，麻扶缁染，使之直黑。夫人之性犹蓬纱也，在所渐染而善恶变矣。”通过形象的比喻，他充分强调了环境在人成长发展中的影响作用。

最后，王充在阐述教育、环境对人性影响作用的同时，还曾经提出以法律手段、运用政权的力量保障学校教育的实施。“是故，王法不废学校之官，不除狱理之吏，欲令凡众见礼义之教，学校勉其前，法禁防其后，使‘丹朱’之志，亦将可勉。”王充的话已经明确指出统治者应该用怎样的态度对待百姓——既要通过教育提高其道德水平和文化修养，又要加强法律的约束，“学校勉其前，法禁防其后”才是切实可行的治国之道。因为，教育虽然能够“反情治性，尽材成德”，但教育力量毕竟有限，只有配合法律的手段、通过政权的力量才能充分地发挥作用。

一步一鬼

王充用“一步一鬼”、人无处不撞鬼来有力地批判鬼神论者，十分有趣。

首先，王充给出假定：自有人类以来，无论是寿终正寝，还是中途夭亡，死去的人数应该以亿万计；而活于世间的人，自然不如死去的人多。接着，他继续推论：如果人死为鬼，死去了亿万数人，那应该会有亿万数的鬼，这样一来，“满堂盈廷，填塞巷路”“道路之上，一步一鬼也”。

“一步一鬼”，王充借力打力让鬼神论者哑口无言。之后，他再次举例：传说人病危时常常看见鬼，如此一来，人所见的鬼也不止一两个，应是成千上万。但是，典籍上记载的鬼，从先秦以来，也只有那么几个，似乎并没有增加。于是，王充得出结论：以此现象来看，人死为鬼的结论是不成立的。在这里，王充并没有直接反驳称人死为鬼的论题为假，而是正好相反，先假定其为真，从而间接证明人死不为鬼才是正确的结论。

王充如果想反驳人死为鬼，方法自然有很多种，如可以利用经验事实和当时科学的成就来证明。但是，他偏以“一步一鬼”的反诘来借力打力，这种反驳的尖锐性，直接把鬼神论者打入绝境。因为，鬼神论者根本无法说明，这千百年来无数的死人为什么只有那么几个变成了鬼，也无法解释为什么前人死后成鬼有记载，后人人死变成鬼却无人提及。更无法解释如果被冤屈、枉杀者变为鬼，那自古以来被冤屈、枉杀者不在少数，为什么不能人人变成鬼复仇，只有杜伯、庄子义等变鬼惩恶？

王充的“一步一鬼”方式极富哲学辩证的思维特点，在古代中国，他的逻辑力和思维力已经走在时代的前面了。

如何培养出“鸿儒”

王充对两汉学校教育中用儒学培养的所谓儒生很不看好，认为他们在知识结构上有着严重缺陷，他们的知识只限于五经章句，或知今不知古，或知古不知今。这种儒生虽文采出众，却不可重用。

王充认为学校培养出的人才应该是这三种：

第一，“通人”。这种人才比儒生高一等，知识结构比较合理，能够广泛地阅读各种书籍。但是，这种人才还不能把学到的书本知识运用于社会实践，他们既缺乏理论思辨的能力，又缺乏实际的任事之才，这种人才的发展前景也很有限。

第二，“文人”。这种人才“好学勤勉，博学强记”，知识渊博，谈古论今，能把各种社会知识融会贯通，重点是他们能将书本知识运用于社会生活实践。所以，这种人才可以成为称职的行政管理人才。

第三，“鸿儒”。这是最高等级的人才，他们是“能精思著文连结篇章者”，他们能够“兴论立说”，既具有创造性的理论思维能力，又善于实践。不会受到前人思想的束缚，敢于创新。

王充觉得，国家应该培养以上三种人才，特别是“文人”和“鸿儒”，他们应该成为国家培养人才的重要目标。对此，王充也总结了一套理论，他主张国家培养人才要构建“博通众流百家之言”的教育内容。

自董仲舒提出“罢黜百家，独尊儒术”的文教政策以来，儒家的“五经”成了官学唯一的教材，再加上当时对经书的注疏解说各执一词，五经博士各立门户，师法家法极严，学术空气令人窒息，极大限制了人们的思维。东汉时期，儒经典籍的注疏又杂入阴阳谶纬之说，儒学已然是“千疮百孔”，面目全非。

王充觉得，在这样的教育内容之下，培养出来的学生只能是一些“所当知，然而不知”的庸碌无能之辈。甚至，一些儒生并不读书，却自以为知晓经典，自恃才高，装腔作势。王充把他们比喻成“腹为饭坑，肠为酒囊”的“死人之徒”。

综合以上原因，王充提出了新的教育内容：教学内容不应该局限于儒学经典，应加入道、法、墨等百家之言，还要适当加入一些天文、历算、医学等自然科学和实用技术。再者，传授知识的过程中，教师不应仅仅局限在“先王之教”，其教学内容还应该包括对当代知识的探究和掌握。王充觉得在这样的教育内容之下，才能够培养出“德优”“才大”，能够“治百族之乱”的人才。

知识就是力量

在王充对学习问题的论述中，有许多卓越的见解。

第一，王充提出“知物由学，学之乃知”。王充从唯物主义认识论出发，在中国教育史上，乃至世界教育史上，首次提出“人有知学，则有力矣”，即“知识就是力量”的光辉命题。

由于王充已经认识到知识就是力量，学问渊博者其力无穷，因此他非常重视为学求知，提出了许多很有启发意义的学习方法论。

第二，王充主张“考之以心，效之以事”。他在上述前提下，进一步阐述了人们获取知识的过程。他指出，知识来源于见闻，来源于经验。但是，感性的经验只是学习的基础，只是进一步学习的起点，而不是学习的终结。因此，他在重视从见闻中获得知识的同时，更重视思考加工和理性思维，主张通过比较、判断和推理，去正确认识事物的本质。另外，王充提倡治学过程中要进行独立思考，要存疑，要经过比较、分析、综合达到去伪存真。关于检验知识正确与否的标准，王充提出了“效之以事”的主张，强调实践是检验真理的唯一标准。

第三，王充主张奋发进取，勤学不辍。知识的获得靠学习，学习必须有奋发进取、锲而不舍的精神才能获得成功。王充曾以河水结冰、积土成山为例，说明学习必须勤奋，必须靠日积月累之功。在学习过程中，王充强调一直努力，反对一曝十寒。为了进一步强调一直努力对学习的重要意义，王充又以树木为例来阐发道理。他说，枫树、桐树生长快，但木质不坚固；檀树生长虽慢，但其“材强劲”。

学习也是一样，“其进锐者退速”。要想有所成就，必须长期下踏实的、艰苦的功夫。

第四，王充主张立异创新，不因旧说。这是王充针对当时的社会大环境提出的见解。他反对固守先圣先贤学说，反对把它们奉为金科玉律，提倡创新精神和勇敢无畏的批判态度，求真求实，立异创新。例如，针对抱残守缺、是古非今的不良学风，王充指出，无论是古人还是今人，无论是圣人、贤人还是普通人，就其品德才学而言，只不过是“才有浅深，无有古今，文有伪真，无有故新”。因此，不应该“好褒古而毁今”，更不能说“古人贤于今人”。王充还以大量历史事实为例，把汉王朝与西周王朝进行了比较，最后得出汉朝优于西周，即今胜昔、今人贤于古人的历史进化论的观点。

第五，王充提出要博达疏通，学为世用。他曾经以大海为例说明人的学习要像大海汇合百川一样，兼收并蓄。只有这样才能成为才高、智大、博达疏通、能担负起治国治学重任的有用人才。王充在强调“博达疏通”的同时，明确提出了“学为世用”的治学目的论。他指出，学习的目的是济世利民，著书立说是为了服务社会。如果著书立说、兴学设教不能惩恶劝善，有益于国家、社会，即使“文如锦绣，深如河汉”，也毫无价值。

第四辑

魏晋南北朝时期：风流世纪

魏晋玄学

魏晋南北朝时期的士大夫，大多不谈世事，尚论玄理，人称“玄谈”。玄谈是由魏正始年间王弼、何晏提出玄学开始的。

汉末黄巾之乱，中央集权瓦解，儒家经术也随之衰落。乱世之中，老庄思想盛行，同时，在曹操等人崇法术刑名的影响下，玄学诞生了。魏晋玄学寻求顺时应变的处世之道，渴望重建社会秩序。学者们大多从老子、庄子的学说，或者在《周易》的理论中寻找理论基础，间接促成了“玄学”的流行。

从汉末清谈到魏晋玄谈，谈论的内容虽发生了变化，但谈论的风气有增无减，人们将全部才智倾注于谈辩。玄谈的课题主要有才性四本论、声有无哀乐、养生论、言意之辩以及圣人有情或无情等。玄谈开始后，经西晋到东晋，发展到最盛。特别是东晋，几乎所有文人都专注于玄谈。

魏晋玄学的主要代表人物有何晏、阮籍、嵇康、王弼、向秀、郭象等。他们以“三玄”(《老子》《庄子》和注解《易经》)为基础，以辩论“有无”问题为中心，以探究世界本体为基本内容，以“辨名析理”为思维形式，提出了“以无为本”及“‘有’是独自存在的”并以此为题，进行论辩，目的是解决自然与名教的关系。针对汉儒支离烦琐的解释方法，他们强调在论证问题时把握义理，反对执着于言、象，提出“得意忘言”“寄言出意”的方法。

魏晋玄学的发展经过四个时期：

第一个时期是曹魏正始时期。以何晏、王弼为代表，以《易》《老》为理论论据，盛倡“贵无”，鼓吹“言不尽意”，主张“名教出于自然”，为门阀士族利益服务。

第二个时期是西晋初至元康时期。以竹林七贤中的阮籍、嵇康为代表，思想上与何、王学派对立，在名教与自然的关系上主张“越名教而任自然”，代表庶族寒门的利益。

第三个时期是晋元康时期。以裴頠为代表，提倡“崇有论”，反对“贵无论”。

第四个时期是晋永嘉时期。以向秀、郭象为代表，是玄学的综合和完成时期。

一般说来，玄学崇尚老庄自然，冲击儒家名教，这也是玄学后来受批判的重要原因。后世对此评论较多，明清之际，顾炎武对此也进行过激烈的批评。同时，仍有很多人站在揭露礼法虚伪之立场，大力为玄学翻案做文章。总之，一种学说在流行之际，总会受到不同声音的影响，这是历史前进脚步发出的声音。

“风流”的本质

中国古代文人有多“风流”，那就要看魏晋时期的文人了，尤其是“竹林七贤”。在《庄子注》中，向秀与郭象对懂得超越事物差别之心、“弃彼任我”而生的人，给出了理论注解，这种品格就是后人所说的“风流”。

魏晋时期的《世说新语》收录了很多清谈，其中不乏著名清谈家的故事。书中生动地描绘了三四世纪信奉“风流”思想的人物，自成书后便成了后人研究“风流”的主要资料。比如，书中记录的刘伶的故事，就向人们展现出一个充满超越感的风流酒仙。

刘伶一生纵酒放达，或脱衣裸形在屋中。人见讥之。伶曰：“我以天地为栋宇，屋室为裈衣，诸君何为入我裈中!”

刘伶所追求的快乐，是一种超乎普遍形象以外的感觉，这就是超越感，这便是“风流”最本质的品格。

这种超越感，与道家学说中的养心有异曲同工之妙。具有玄心的人，必然对于快乐具有妙赏能力，要求更高雅的快乐，不只是自身的肉体快乐。《世说新语》记载了很多当时有古怪行为的“名士”，他们随心而动，从来不会在乎肉感的快乐。晋人对名人的体质美和精神美有很高的赞誉。

比如，嵇康“风姿特秀”，人们将他比作“松下风”，说他“若孤松”“若玉山”。阮籍、阮咸是叔侄，同为“竹林七贤”，“诸阮皆能饮酒。仲容至宗人间共集，不复用常杯斟酌，以大瓮盛酒，围坐，相向大酌。时有群猪来饮，直接去上，便共饮之”。这种“风流”境界是许多人无法企及的。

“风流”一词还有“情”的意味，庄子说圣人无情，《世说新语》中也收录了很多人无情的故事。何晏与王弼讨论过“情”，王弼觉得圣人有情而无累，王弼没有讲清楚“有情而无累”的含义，但是后世的新儒家对此有了新的发挥。

后世的新道家对“风流”也有自己的见解，虽然有许多人是主理派，但也有主情派。新道家更加强调妙赏能力，他们之中许多人随地排遣自己的情感，又随时产生这些情感。《世说新语》中王戎的故事就证明了新道家主情派的思想，故事是这样的：“王戎丧儿，山简往省之。王悲不自胜。简曰：‘孩抱中物，何至于此？’王曰：‘圣人忘情；最下不及情；情之所钟，正在我辈。’简服其言，更为之恸。”可见，在绝大多数情况下，新道家的动情，不在于某种个人的得失，而是宇宙人生的普遍之处。

“风流”一词还有“性”的含义，在后世的运用更广。但是，晋代新道家对“性”的态度，并非贪图肉体快感，而是一种纯粹的审美。比如，《世说新语》中说，阮籍喝醉了，常常躺在漂亮女人的身边睡觉，却并没有其他行动。他们只是欣赏异性的美，不含任何性爱的内容；也可以说，他们只想要欣赏美，而不是为了“性”。

“风流”是一种超越，是情，是性，它来源于“自然”，“自然”反对“名教”，“名教”则是儒家的古典传统。

竹林七贤

竹林七贤是三国魏晋时期的七位名人——嵇康、阮籍、山涛、向秀、刘伶、阮咸、王戎的合称。他们常集于山阳竹林之下，肆意酣畅，故世称竹林七贤。

他们大都崇尚老庄之学，不拘礼法，生性放达。在政治上，阮籍、刘伶、嵇康不与司马氏集团合作，嵇康也因此被杀；王戎、山涛等先后投靠司马氏，历任高官，甚至是政权心腹。在文章创作上，嵇康的《与山巨源绝交书》表达了他的政治态度，文章颇负盛名；阮籍的《咏怀》诗82首，通过比兴、寄托等手法，隐晦地揭露了最高统治集团的恶行，讽刺虚伪的礼法之士。

七贤爱酒，但酒品不一，以酒品品人生，用于读懂竹林七贤也是不错的选择。

下下品是刘伶。刘伶以善饮、豪饮闻名于世。他酒量之大，举世无双，自古就有“杜康造酒醉刘伶”的传说在民间流传，人称“酒星”，但是他的酒品最差。

传说，刘伶常随身带着一个酒壶，乘着鹿车，一边走，一边饮，还有一人带着掘挖工具紧随车后。打算什么时候醉死了，就地埋之。

刘伶的《酒德颂》更能看出他的品性：行无踪，居无室，幕天席地，纵意所如。不管是停下时还是行走中，他随时都提着酒杯饮酒，唯酒是务，焉知其余。别人怎么说，他一点都不在意；别人越要评说，他就越要饮酒。喝醉了就睡，醒过来也是恍恍惚惚的，于无声处一个惊雷打下来也听不见，面对泰山视而不见，不知天气冷热，也不知世间利欲感情。

下品是阮籍和阮咸。阮籍家附近有一小酒店，女掌柜颇有姿色，阮籍常去喝酒，醉了就躺在女店主身旁酣睡，原文载《晋书·阮籍传》："邻家少妇有美色，当垆沽酒。籍尝诣饮，醉，便卧其侧。"不过，他也没有什么越轨行为。传说，他母亲去世时，他也要下完棋再回家。之后，他喝了两斗酒，喝完就放声大哭，口吐鲜血，几至昏厥。

中品是山涛和向秀。传说，山涛饮酒八斗而止，从不违例。一次皇帝请山涛喝酒，为了证实山涛八斗之量，让人拿出八斗酒给山涛喝。趁山涛不注意时，皇帝让人偷偷多加了一些酒进去，但山涛喝够八斗就再也不喝了，让皇帝十分惊讶。向秀饮酒毫无特色，且为仕中人，故列中品。

上品是嵇康。《晋书》中说："籍又能为青白眼，见礼俗之士，以白眼对之。及嵇喜来吊，籍作白眼，喜不怿而退。喜弟康闻之，乃赍酒挟琴造焉，籍大悦，乃见青眼。"嵇康真可以说是阮籍的知音呀。

嵇康《酒会诗》中这样说："乐哉苑中游，周览无穷已。百卉吐

▲《竹林七贤图》

芳华，崇台邈高跱。林木纷交错，玄池戏鲂鲤。轻丸毙翔禽，纤纶出鳣鲔。坐中发美赞，异气同音轨。临川献清酤，微歌发皓齿。素琴挥雅操，清声随风起。斯会岂不乐，恨无东野子。酒中念幽人，守故弥终始。但当体七弦，寄心在知己。”一颗心，三分酒，奏出千古绝音。

青白眼——阮籍

阮籍，字嗣宗，父亲为“建安七子”之一，曾经在曹操手下为官。阮籍三岁时父亲便去世了，他与母亲相依为命，家境甚是凄惨。少年时代，他如父一般，好诗书，好弦歌。据史书记载，阮籍长得一表人才，富有个性，豪放高傲，任性不羁，喜怒不形于色。

传说，阮籍的眸子黑白分明，他用青眼直视志同道合者，以白眼反讽儒者。阮籍对封建礼法十分反感，瞧不上拘泥于礼法的儒家学者。按照儒家的礼教，母亲去世后的两天应该断绝饮酒、吃肉和娱乐活动。阮籍的母亲去世时，他正在和朋友下棋。当报丧的人找到阮籍时，阮籍的朋友都停了下来，阮籍却坚持要将这盘棋下完。下完棋，又喝了两斗酒。而母亲要下葬之前，他又喝了两斗酒，吃了肉。阮籍并非不悲伤，每次饮酒之后，他都要大口吐血，两次之后险些死去。他只是以这种极端的方式来蔑视和否定束缚人身自由的封建礼法。阮籍推崇道家，从他的哲学代表作《大人先生传》中就可以看出他的哲学观点。他为

▲ 阮籍雕像（砖雕）

阐发老聃和庄周的哲学思想写了很多著名论文，现在留于后世的主要是诗文，还有专门的集子。

阮籍也是一位玄学家，对《易经》《老子》《庄子》这几部著作都有精深的研究，彰扬了道家思想中的唯物主义成分，对老庄中的消极部分并不涉猎。有些玄学家在黑暗的政治面前不敢反抗，不敢揭露，只求随遇而安；但阮籍敢于反抗，纵酒佯狂，肆意大哭。从这点看，他的感情与其他玄学家并不相同，他不麻木，而是个有血有肉的男子。

桀骜不驯的嵇康

嵇康，字叔夜，是哲学家、音乐家和诗人。他在魏做过中散大夫，所以人称嵇中散。嵇康好学不倦，无师自通，却从不涉猎儒家经典，唯喜欢老子和庄周的著作。他可谓风仪美男子，奇才绝巧，好弹琴，喜吟诗，之后做了沛王的女婿。他的性情刚烈，直言不讳，也因此得罪了很多人。

嵇康一生不爱做官。25岁时，野心家司马懿发动政变，杀害了曹爽、何晏，抄斩八族，控制了曹魏政权。一身正气的嵇康退出政界，拒绝为司马氏效劳。

他说：我喜欢睡懒觉，做官公务繁忙，睡不成懒觉；我喜欢独自弹琴漫步，射鸟钓鱼，观赏野外风光，做官后就失去了自由；当了官天天坐堂，端端正正地坐着，腿麻了也不许动，我身上的虱子多，痒起来也没有办法挠；当官事情多，还要逢场作戏，要到处应酬，我受不了这种俗套；我不喜欢吊丧，但做官要应对人情世故，我不去就会被人怨恨，遭到中伤；我会警惕、责备自己的缺点毛

▲ 嵇康雕像（砖雕）

病，但我的本性却没办法改；我也想抑制本心去随顺世俗，但违背本心是很痛苦的，哪怕勉强去违背本心，也无法抑制自己的本性。

拒官后，他隐居乡村，与人一起打铁，一起灌浇菜园，吟诗弹琴，游乐饮酒。

“托好老庄，贱物贵身。志在守朴，养素全真。”他与阮籍、山涛、刘伶、阮咸、向秀、王戎等结为朋友，常聚于竹林之中，开怀畅饮，促膝倾谈，世人称其为“竹林七贤”。

魏景元三年（262），嵇康40岁，身陷囹圄，此事缘于吕氏昆仲。吕巽奸污弟媳徐氏，弟弟吕安要将其告到官府，吕巽便请嵇康为他求情。事情将要平息之时，吕巽又以虐待老母的罪名将吕安告到官府，官府不仅抓了吕安，连嵇康也抓了起来。钟会素来与嵇康不合，趁此机会在司马昭面前进谗言，说嵇康言论放荡，否定儒家经典，对帝王来说这是完全不能容忍的事情，嵇康难逃一死。

嵇康在狱中时，京都3000太学生都为他请愿，豪绅们也设法营救，但都没有成功。嵇康自知不合时宜，所以对死亡并不恐惧。临刑前，他举目望天，月色尚早，便索琴而弹。

嵇康生前，对“圣人”孔子有很多不赞同的地方，在当世上下同奉儒家的环境来说，是不能容的；再加上他的性格直爽，疾恶如仇，遇事便发作，又怎能与官场合和呢？他主张“无为”，“无为”政治及“无为”人生是他一生所求。他反对野心家的“有为”，也反对山巨源（即山涛）不顾廉耻，卖身投靠的“有为”。于是，他决心忘掉荣华，“游心于寂寞，以无为为贵”，过那种“浊酒一杯，弹琴一曲”的放浪不羁的生活。

同床异梦，知音难觅

嵇康，竹林七贤中的一位琴痴，一生未与琴分开。

传说，他夜里独自鼓琴，有鬼闻音而来，不断地变着怪形，惹得嵇康心烦。嵇康将琴一拍，吹灭烛火，说：“耻与魑魅争光也。”嵇康觉得鬼不够资格听琴，因为琴只弹给知音听，鬼就自惭形秽扭头跑了。

不过，鬼中也有知音。嵇康夜里操琴，听到空中有人说话，他便呼与相见，那个人便露出原形，竟是宋景公时的寇先生。寇先生生前善琴，后为景公所杀，寇以手持其头，和嵇康论音声，并教他作《广陵散》。

后来，嵇康被处以极刑，临刑前他鼓了一曲《广陵散》。他神情自若地弹完后，将琴重重摔到地上，感叹说：“《广陵散》于今绝矣。”琴弦断了，曲子也和他一起入了坟墓。

嵇康为竹林七贤之一，聚集在这竹林中的人，最初都是因为不满或不服司马集团的专制统治，相邀而来的。但是后期，他们的打算也各有不同，哪怕知音也不能阻挡内心境界和志向的差异，唯独嵇康从未改变，革命到底。

曾有人之前崇拜嵇康，后来做了高官，再来看望嵇康。嵇康低头打铁，没理那人，甚至最后还说：“何所闻而来？何所闻而去？”那人从此记恨在心，陷害嵇康，使他进了死囚牢。

山涛（山巨源）本也是竹林中人，但他投靠司马集团后，受指派来劝嵇康。结果嵇康不仅没有被说服，反而来了个《与山巨源绝交书》，“足下傍通，多可而少怪，吾直性狭中，多所不堪，偶与足下相知耳”，他后悔与山涛相识相交，自此彻底与山涛划清了界限。

嵇康与山涛绝交并不稀奇，在竹林七贤另外六人中，只有阮籍是他真正的知音，能够对他的遭遇有真正的同情。不过，阮籍也不像嵇康那么刚强，也是个腿软的家伙，屈身于时势之下，但唯独他为嵇康作过一篇文章表达追念。

想怎么做就怎么做

嵇康在看待自然与名教的关系时，提出了“越名教而任自然”的主张，也就是抛开虚伪名教的束缚，释放纯粹自然的本性。

嵇康觉得人应当淡泊名利，不为名教所拘束，不被虚假的荣华富贵引诱，而是按自己的自然本性和真情实感去生活。他说：“夫气静神虚者，心不存于矜尚；体亮心达者，情不系于所欲。矜尚不存乎心，故能越名教而任自然；情不系于所欲，故能审贵贱而通物情。”人的心神虚静，内心就会无欲无求；人的思想豁达，情感就会自由。内心无求无争，便可超越名教的约束而听任自然；情感不受牵制，便可参透事物的本质，了解真正有价值的事物，人们称这种观点为“越名任心”。

嵇康就是这样一位追求本性去生活的人，在《与山巨源绝交书》中他表达了自己不为世人所容的原因，一是“非汤武而薄周孔”，二是“刚肠嫉恶，轻肆直言，遇事便发”。虽然他很了解自己，但是依旧我行我素，从不为迎合名教而扭曲自己。

如何才能像嵇康一样越名任心呢？嵇康对此提出了公私之分的

见解。公私的表现在于“显情”和“匿情”。比如，一人虽然行善，但他的思想情感都不公开，故意隐藏起来，这就叫“匿情”，说明这些人还是有“私”；有些人虽然有“矜尚”“违道”等问题，但是，他的思想感情都是公开的，从不隐蔽，这就叫“显情”，说明这些人还是有“公”。

嵇康提出的观点对有善行的人和有缺失的人都有好处。有善行的人不隐匿自己的真情实感就会变得公正；有缺失的人能够改正自己的错误，那也是在变公正。这是对行善人的鼓励，对恶人的挽救和勉励。

“寄胸怀于八荒，垂坦荡于永日”，这就是越名教而任自然的精神境界。生活中，不隐匿自己的真情实感就叫作“值心而言”“触情而行”。想怎么说就怎么说，想怎么行就怎么行，就是“任自然”。

任自然出于“显情”，一定是公正的。相反，想怎么说而不说，想怎么行而不行，那就是不任自然。不任自然便是“匿情”，那就是错的。也就是说，一般人所注意的是非，并不是应该注意的；一般人认为是私的，也未必就是私的。

嵇康生活在司马懿父子当权时期，“司马昭之心，路人皆知”之时，司马家人还声言以孝治天下，把虚伪的名教当作政治阴谋的工具。嵇康对此深恶痛绝，他用“轻贱唐虞而笑大禹”“非汤武而薄周孔”来嘲讽司马氏篡权的阴谋。

嵇康的言行妨碍了司马氏的篡权阴谋，于是他的不拘礼教、崇尚自然，在当权者眼里就成了“轻时傲世”和“有败于俗”，于是有了嵇康弹完《广陵散》后长啸而逝的一幕。

只要你高兴，音乐都是欢快的

在嵇康看来，“声无哀乐”，只要是音乐，就都是快乐的。他提出五音、五色、五行以及天地万物，都是客观的存在。五音有好听的，有不好听的，如同各种气味，有好闻的，有不好闻的。无论声音好听不好听，它本来就是那个样子；无论社会上是太平的还是混乱的，都不能叫它改变。因此，音乐本身不变，只是人主观上的爱好与憎恶，直接影响了自己的悲哀和欢乐。

人闻乐声而悲哀，是因为他的心本就悲哀。加上音乐和声音的震动，那悲哀的心情就会被放大。反之，快乐的人也会更快乐。嵇康说：“一个人是贤人，我心里喜欢他；另一个人是个愚人，我心里憎恶他。贤愚的性质是那两人的特征，是外在；而爱恶的情感是属我的，是内在。”

音乐确实能感动人，但不能因此就以为音乐有哀乐，它的主要性质是和，就像酒的性质是甘苦一样，有的人听到歌声觉得悲哀，有的人听了觉得欢喜，就像饮酒的人也会有不同的心情一样。

少年奇才，锋芒毕露

王弼，字辅嗣，山阳郡高平人。他一生短暂，24岁便死于时疫。虽然他的一生很短，却是当时很重要的哲学家之一。

王弼家庭背景很好，世代书香，自小就受到了良好的教育，读书万卷。他的祖辈研治古文经学，又兼治《老子》，因此，王弼的学识以古文经学为基础，更兼识了老子的学说。

王弼10岁，就对儒、道等学问颇有见解，老子无为的思想、思辨的哲学，庄子逍遥于天地之间，汪洋恣肆，通脱善辩，是他最感兴趣的话题。

少年时代，王弼就已经小有名气，他知识丰富，能说会道，思想敏锐而深刻，不求文章辞藻华丽，只在乎真知灼见。特别是他对哲学问题的研究，已经相当有深度了。

一天，王弼去拜访吏部侍郎裴徽。裴徽当时官职不高，却学识了得，享有盛名。裴徽与王弼交谈后，很是惊异，马上把当时哲学领域的尖端问题拿了出来，问："夫无者，诚万物之所资。圣人莫肯致言，而老子申之无已，何邪？"

王弼则根据自己的研究和体会，明确而又简洁地回答说："圣人体无，无又不可以为训，故言必及有，老、庄未免于有，恒训其所不足。"

裴徽提出的问题已是相当深刻，但王弼的回答更令人惊叹。玄学家既尊孔，又崇老，从这个层面来说，儒道合流已经是事实了。他的回应既不违背当时以儒学为核心的传统的价值观念，又能妥善地摆正孔子与老子的地位。他的这一说法，将前辈学者的研究向前推进了一大步，建立起以无为本、现象与本体相结合的哲学体系。

玄学家何晏极为赏识王弼，曾称赞他说："仲尼称后生可畏，若斯人者，可与言天人之际乎！"于是，何晏推荐王弼做了个台郎。

王弼是思想深刻、才识卓出、善谈玄理的人，做官却不是他的长处。因此，他的官场生涯并不顺意。王弼在为人处世方面问题较多，他清高自负，论辩时从不给人留余地，也不讲情面。他曾经将大家公认善于谈纵横的淮南人刘陶弄得下不来台，因此得罪了很多人。就连最初与他关系较好的王黎、荀融等，最后也不爱与他共事了。

魏正始十年（249），王弼因种种原因丢了台郎的职位，当年秋天，他感染时疫，撒手人寰，年仅24岁。

一位哲学奇才，少时锋芒毕露，来去匆匆。王弼人虽死，但他的很多论著被保留了下来，如《老子注》《老子指略》《周易注》《周易略例》《论语释疑》等，他自成一家的哲学体系，在经学、哲学领域对后世影响也很深。

此中有真意，欲辨已忘言

荀粲，三国时期曹魏著名的玄学家，是东汉名臣荀彧的幼子，他常与兄弟们讨论儒家思想，唯独他对大道有特别的领悟。

荀粲觉得，大道乃圣人的一种心得、一种境界，子贡所述的圣人对人性和天道的论述，是无法耳闻或言传的。因此，他说：后人珍爱《诗》《书》《礼》《易》等经典，却无法参得圣人所得的大道理，因为经典并非大道本身，而是圣人为达到大道而丢弃下来的废物。

有人反驳他："《易传》上亦说，圣人设立卦象来穷尽易的深意，并用言辞来表达易的内容，这哪是不可闻、不可见呢？"

荀粲应答道："最精微的大道理，无法用外物或图像来显示。如今，你用图像来表达《易》的深意，怎么能够表达卦象外的含义？你用言辞来表达《易》的内容，更是无法传递出言辞之外的内容。所以，细微的理，是言外的东西，更是意外的东西。哪怕言能尽意，也是无法把意内的东西完全表达出来的。这就是说，大道的细微道理，不仅是不可言说的，更是不可思议的。"

东晋时期的陶渊明善于表达言外之意，他在《饮酒》中说："结庐在人境，而无车马喧。问君何能尔？心远地自偏。采菊东篱下，悠然见南山。山气日夕佳，飞鸟相与还。此中有真意，欲辨已忘言。""欲辨已忘言"哪里是忘言，而是没法言说，他的诗让人们对言不尽意有了明确的理解，因为言不遍必有漏，倒不如任其自然，不言。

心远地自偏

对于超出世俗寻求自由的做法人们有着不同的见解，有人离群索居，做一个远离社会的遁世者；有人服丹食药，希望能够羽化成仙；有人用酒来麻醉自己，体验超脱世俗的洒脱和回归人性自然。但是，西晋玄学家郭象却认为这些做法并非对人性自然的深刻理解，心灵的自由并非在方外，而是在方内，即世俗之内的人为世界。只要人们的内心是淡泊无为的，那么世俗的名教就不会妨碍他们的逍遥。

“大隐隐于朝，小隐隐于市”，隐于庙堂与隐于闹市的隐者，被称作大隐和小隐，末流的隐者才隐于山林。郭象认为，人们不了解道家的逍遥，才把逍遥与淡泊求之于寄情山水，这就是“见形而不见神”。圣人日理万机于朝廷之上，但心却超脱而清静，就如陶渊明诗中“心远地自偏”一样的境界。

庄子说：牛马四足，此乃自然，而穿牛鼻，络马首，则是人为。从这点看，庄子反对人为对于自然的扭曲和戕害。郭象却不是这样理解的，他说：“穿牛鼻，络马首，固然是人为，却并不违背自然，因为牛、马并不推辞，而是接受了这样的安排。由此可见，它们是与自然相冥合的。”

在郭象看来，牛鼻之所以可以穿，马首之所以可以络，都是按照事物的本性行事。名教与自然的关系也是一样，君臣上下的等级名分，都是天理自然。所以，他劝说人们安于名教，也就是安于人的自然本性，名教与自然的关系也就最终协调了起来。

抱朴子的养生术

抱朴子，晋代名医，原名葛洪，字稚川。他在养生术方面成就最高，以炼丹术著称于世，人们一提到养生术，必然会想到抱朴子。

抱朴子提倡人们除却六种于人体有害的东西后，方可颐养天年。他说：“善养生者，先除六害，然后可以延驻于百年。何者是邪？一曰薄名利，二曰禁声色，三曰廉财货，四曰损滋味，五曰除佞妄，六曰去沮嫉。六者不除，休养之道徒设尔。”淡名利，祛声色，莫囿财，不贪味，保持好的心情等，是养生的基础。

▲ 抱朴道院

换句话说，要实现上述目标，需以“十二少”为标准，即少思、少念、少笑、少言、少喜、少怒、少乐、少愁、少好、少恶、少事、少机。假若无法履行，那“伐人之生，甚于斤斧，损人之命，猛于豺狼”。斤斧、豺狼易伤人，要小心为上。

此外，要达到养生的目的，还要守“四无”，即无久坐、无久行、无久视、无久听。

养生另一主要因素就是饮食和起居，抱朴子对这两个方面也做了强调：“不饥勿强食，不渴勿强饮。体欲常劳，劳勿过极；食欲常少，少勿至饥。冬朝勿空心，夏夜勿饱食。早起不在鸡鸣前，晚起不在日出后。”合理饮食，规律起居，不是很饥饿的时候一定不要强迫自己吃东西，不渴的时候也不要强迫自己喝东西。身体要经常劳动，但又不能过度。吃东西要尽量少，但标准是不让自己感觉到饥饿。冬天的早上，不要空肚子；同理，夏天的晚上不要饱食。早上可以不起早，但赖床也是不符合养生之道的。

简单来说，抱朴子的养生之术就是静心养气，以宽容豁达面对人世万物。

僧肇思想举隅

由苦入空

魏晋时期，玄学盛行，佛教、道教也因此得到了长足的发展。由于僧人数量越来越多，对佛经的解释也就多种多样。当时共出现了六家七宗，六家分别是本无、即色、识含、幻化、心无、缘会。六家中的本无分成了本无和本无异两宗，所以是七宗。

东晋著名佛学家僧肇是天竺高僧鸠摩罗什的弟子，他认为佛家宗门混乱，其中一些宗门对佛经的解释是错误的。因此，他作了《不真空论》，批判当时影响力最大的本无、即色、心无三家。

僧肇认为，佛理当中的空，不是真正的空。不真，也就是假。那些不是真实存在的东西，就是空。空不是说世界是不存在的，空是有的反面。

空是虚假的存在，但仍然是客观存在的，仍然是有的范畴，而不是无。所以，性空并不是真正的空，佛教中的空是假有的一种说法。

例如，一两银子，即便是中间灌铅的假银，也是客观存在的。假银不是真银，这是假有，却不是无。

僧肇“不真就是空”的理论是一种唯物主义思想，不像其他的佛教宗门，宣扬唯心主义，让人们放弃现实的一切，去追求虚无的来世，摆脱当前的痛苦。

缘起而不真

佛教哲学除了其唯心主义思想外，还有其他的贡献。特别是佛教所提倡的因果论，所说的“缘起”，为人们认识事物提供了另外一个角度。佛教所说的缘起，就是事情发生的原因，是构成事物的因素与条件。

佛教认为，世界上的一切现象都有其产生的原因，任何事物都不是单独存在的。只有某些因素在某些条件之下，才会诞生事物。虽然有一定的道理，但从某种程度上否定了事物的独立性。

僧肇认为，因缘起而生的事物，并不是真实存在的事物。一件事物如果是真实存在的，那么就会始终存在，而不是需要偶然的因素、客观的条件碰撞在一起才能诞生。所以，那些因为缘起而生、不能独立存在的事物，并不是真正存在的。他的观点揭示了事物的独立性：一件真实的事物必然是独立的，必然是能够经常、长期甚至是永恒存在的。因此，想要知道一件事物是否是真实的，只需要考察它的诞生是否有缘起的参与。如果这件事物的诞生依赖事物本身之外的因素、条件，那么这件事物就不存在独立性，也不能永远存在。

僧肇的理论与佛教所提出的因缘论相反，是唯物主义哲学的组成部分。

范缜的《神灭论》

《神灭论》是我国古代唯物主义哲学中非常重要的著作，《神灭论》的作者范缜也是当时非常著名的哲学家。

范缜出生于南北朝时期，其家族在东西晋时期颇为兴盛，但南北朝时期已逐渐没落。范缜的父亲在范缜出生不久就病故了，他与母亲相依为命。家境贫寒的范缜一边读书学习，一边照顾母亲，颇有孝名。

18岁时，范缜到沛县求学，拜入名儒刘瓛名下。刘瓛很欣赏范缜刻苦学习的精神，范缜的弱冠之礼就是刘瓛举办的。刘瓛门下的弟子大多身份不凡，有商业巨贾，也有达官显贵。因此，学生终日鲜衣怒马，纵情声色。范缜布衣草鞋，过着贫寒的生活，却也不羡慕他们。他将所有的精力都放在了研读诗书上。

他在青年时期，就已经精通《周礼》《仪礼》和《礼记》了，虽然他不与人攀比物质生活，但在学识辩论上非常较真。据《梁书》记载，范缜经常作“危言高论”，所以当时很多贵族子弟都不喜欢他。

范缜26岁的时候，曾上书当朝仆射，讲述自己对朝廷弊制的看法，并且给出了改革方案。范缜的意见没有得到重视，这对他打击很大。29岁时，范缜就已经白发苍苍，为此还写了两首诗，感怀伤情。

39岁时，范缜交了官运，成了主簿，并且节节升高，一直做到尚书殿中郎。齐与魏和亲的时候，范缜还因为其才名，成了使节团中的一员。由于其优秀的表现，范缜在归国后声名大噪，升官为领军长史。后来，外放做了太守，成了一方大员。

范缜的辖地为宜都，这里信仰鬼神的风气盛行。作为一名学者，范缜认为迷信鬼神是一种劳民伤财的行为，于是下令禁止祭祀鬼神，拆除神庙。

后来，萧衍举兵，直指建康。路过范缜辖地的时候，与范缜相见。两人曾在朝中做过同事，关系不错。所以，在萧衍称帝以后，命范缜为晋安太守。范缜觉得自己的才华可列公卿，而自己又与萧衍交好，为何还只是个太守呢？于是，在被调回建康的时候，故意表现出遗世独立的样子。他没有按照规定一一拜见朝中重臣，只去见了当时已经被废的前尚书王亮。他的做法不容于其他大臣，于是被贬官到了广州。

范缜一直坚称世界上并无魑魅魍魉，也没有什么神佛，他还因此与竟陵王萧子良进行过一番辩论。萧子良笃信佛教，他问范缜："你不信因果，不信神佛，那你怎么解释这世界上有些人富贵，有些人贫贱呢？"范缜回答说："人生就如同一棵大树开的花一样，风吹花落，有些花落在了席子上，有些花落在了粪坑里。落在席子上的就是殿下，落在粪坑里的就是我了。虽然世界有富贵贫贱，但是哪能体现出因果呢？"

《神灭论》就是为了驳斥那些信佛的人作的。在《神灭论》中，范缜表达了自己这样的观点："形即神也，神即形也""形存则神存，形谢则神灭""形者神之质，神者形之用"。人的精神是从身体当中诞生的，身体与精神之间的关系就如同刀刃与"锋利"的关系一样，不可分割。没有刀刃，"锋利"的概念也无法寄托。因此，灵魂不灭、因果报应、富贵在天，都是些无稽之谈。

范缜的观点在社会上引起了广泛的讨论，萧子良见无法说服范缜，就试图用金银买通他。范缜不为所动，仍旧坚持自己的观点。

第五辑

隋唐时期：唯物唯心两相长

六祖惠能

偶入佛门

中国佛教以禅宗为主，而提到禅宗就不能不提六祖惠能。他建立了南宗，对弘扬禅宗起到了非常大的作用，并且提出了直指人心、见性成佛的法门。

惠能出生于官僚家庭，本该有殷实的家境。但是在惠能还小的时候，父亲就被贬官到岭南。没多久，父亲就染病去世，家境也日渐衰落。惠能直到24岁都没有读过书，终日上山砍柴，换取少量钱财，和老母勉强度日。

一天，惠能砍柴下山，去集市贩卖，听到有人在诵读佛经。或许惠能天生就与佛有缘，短短几篇经文居然让他生出诸多感悟。他即刻上前询问这是什么经，对方告诉他说，这是《金刚般若经》，是黄梅双峰山弘忍法师所传。弘忍法师就是五祖，也就是惠能后来的师父。

惠能从集市回到家中，告知老母自己想要外出求佛，随后就收拾好行李上路了。惠能历尽艰辛来到了双峰山，见到了弘忍，弘忍却不愿意收他为徒。弘忍冷漠地问："你是什么人？来见我有什么事情吗？"惠能回答说："我来自岭南，千里迢迢来求见，不为别的，只想学习成佛的道理。"弘忍见惠能一副穷酸樵夫的打扮，忍不住呵斥说："你来自岭南那种穷乡僻壤，看着像蛮人一样，有什么资格求

▲ 六祖大道

取成佛的道理？”惠能面不改色，回答说：“世界分南北，人分南北，但佛却不分南北。佛家讲究众生平等，我这岭南的蛮人与你这身份尊贵的高僧，在佛性上有什么区别？在佛祖眼中又有什么区别？”

这番话震惊了弘忍，他从没想过大字不识的蛮人居然能够说出一些深刻的佛理。他思考了一下，就将惠能留了下来，做了个行者，在寺内做些体力活。惠能虽然没有师父传授经书，但经常偷听其他僧人念经。由于他悟性很高，头脑聪明，很快就让弘忍刮目相看了。

惠能受钵

惠能从一个干粗活的行者成为继承弘忍衣钵的六祖，当中究竟有什么故事呢？其实惠能继承弘忍的衣钵，也是经历了重重考验的。

一日，弘忍给弟子们出了一道考题，让众弟子每人都写一首佛偈，看看谁的佛理更加精深。佛理最精深的那个人，就能够继承弘忍的衣钵，成为六代祖。

弘忍当时已经是名满天下的高僧，他的弟子也是人才济济。其中，有一位名叫神秀，对佛法的理解十分深刻，名声也很大。弘忍公布考题不久，神秀就作好了一首佛偈。就在他要把佛偈拿给弘忍的时候，又对自己写得够不够好产生了怀疑。于是，他在晚上悄悄把佛偈写在了师父房间外面的走廊上。这首佛偈是这样写的："身是菩提树，心如明镜台。时时勤拂拭，不使惹尘埃。"

惠能路过师父门前的时候，恰好看到了门口的佛偈。他知道这是神秀所作，但深感神秀对佛理的理解还不够。于是，他也作了一首佛偈，让其他僧人帮忙写在墙壁上："菩提本无树，明镜亦非台。本来无一物，何处惹尘埃。"

每个看到这篇佛偈的和尚都被惠能对佛理的理解震惊了，当时惠能仍旧终日做杂役，没人想到一个做杂役的僧人居然对佛法有如此高深的理解。弘忍看见人们对惠能的佛偈十分震惊，担心这篇佛偈会引起其他人的嫉妒。于是，故意将佛偈擦去了，并说："还是没能理解到真谛啊。"

第二天，弘忍看见惠能正在干杂活，就走到惠能背后，自说自话："寻求佛理的人，因为佛法而忘却了自己的肉身，这样对吗？"接着问惠能："活干完了吗？"惠能说："马上就干完了。"弘忍没有说话，用禅杖敲了他三下就转身走了。

夜里三更天的时候，惠能来到弘忍的禅房。弘忍早已用袈裟挡住了窗户，悄悄地传授惠能《金刚经》。弘忍在传授惠能《金刚经》的过程中，发现惠能学得极快，一点就通。在传授完以后，将袈裟、禅杖等都传给了惠能，说：“你就是禅宗第六代祖，明天你就下山去南方隐居。”

此后的16年里，惠能始终遵照着弘忍的嘱托，悄悄隐居。16年后，弘忍去世了，惠能拿出弘忍传他的袈裟，表示弘忍早就将衣钵传给了自己。此时，他才真正剃度，成为一名僧人。

惠能之所以能够胜过神秀，是因为神秀对于“空”的理解并不深刻。佛理当中，本性是非常重要的。在佛家看来，世间的一切都诞生于各种条件、因素的因缘际会。本性，也就是心，主导着一切。如果人不识本心，那么不可能悟，只会执迷不悟。

外界客观事物是不重要的，更是不需要的，甚至是不存在的。菩提树存在吗？不存在。明镜台同样也不存在。世界上本来就什么都没有，又怎么去惹上尘埃呢？没有尘埃，也就不用拂拭了。这就是佛教哲学中的唯心主义思想，一切都是虚假的，只要认清自己的本性，坚持自己的本心，了解到除了自己的内心，客观的一切都是虚无的，那就可以成佛了。

风动还是幡动

惠能在南方隐居的时候，过着十分清苦的生活。除了砍柴，他也跟山里的猎人一起打猎，向猎人们传授佛法。惠能不愿杀生，于是经常做守网的工作。而有猎物投入网中时，惠能又不忍心见其被杀，就偷偷地放走猎物。吃饭的时候，他也不吃肉，经常摘一些野菜放进大家煮菜的锅里。

时间越过越久，惠能觉得只向山里的猎人传授禅宗佛法起到的作用太小了，于是他就去了广州的法性寺。惠能到法性寺的时候，印宗法师正在开坛讲经。突然，一阵风吹来，佛像前面的幡随风摆动。台下听经的僧人中，有两个看见了这种情况，争论了起来。一位说是风动，另一位则说是幡动。两人越争越厉害，声音也越来越大。惠能听见了，淡淡地说：“是你们的心动了。”所有的和尚听后，都开始思考惠能说的话。

惠能坚持唯心主义理论，认为除心之外的东西都是内心的投射。日月星辰，江河大海，高山大地，动物植物，这些都不过是人们内心的东西，甚至佛法、佛经、佛祖，也都包含在人们的内心当中。

顿悟成佛

当头棒喝是人们常用的成语，用来形容利用某种手段给人警示，或使人醒悟。当头棒喝这个成语来自佛家的一种顿悟方式，而悟这个概念是由六祖惠能提出来的。惠能说：“前念迷则凡，后念悟则佛。”只要能够悟，那就是佛了。后来，人们认为悟不是件长期的事情，而是往往发生在某个瞬间。因此，悟也被称为顿悟。

顿悟与成佛之间是有着密切联系的，在顿悟的瞬间，顿悟者会想通道理，整个人从内到外都会发生巨大的变化。“一念善，智慧即生。一灯能除千年暗，一智能灭万年愚。”只要有一个想通了的瞬间，能够顿悟，那么之前的一切就完全不同了。打破千年的黑暗只需要在一瞬间点亮一盏明灯，顿悟就是这么一回事。

顿悟不是个量变引起质变的过程，而是在一瞬间，整个人都发生了变化。高僧慧海认为，即便是顿悟，也不代表能够马上成佛。顿悟的瞬间，就好像种下了一颗种子，不管这颗种子多么小，也是成佛的种子。就如同刚刚出生的狮子一样，不管多么小，也不可能变成经常围绕在狮子周围的其他小动物。

佛教讲求跳出轮回，去往西方极乐世界。而跳出轮回的方式，就是悟。悟就是打开大门的钥匙，不管有多少积累，只要没有踏过悟这条线，那么就没有成佛的可能，也就没有超脱俗世、跳出轮回的可能。而只要顿悟了，那么这个人就已经种下了一颗成佛的种子，他的心就是佛心了。顿悟的瞬间，整个人就已经发生了变化。

文学家、哲学家韩愈

唐宋时期是我国古代诗词最兴盛的时期，不仅质量高，产量也十分惊人。提到唐宋时期的诗词，就不能不提唐宋八大家，而韩愈就是唐宋八大家之首。韩愈发起了“古文运动”，擅长作骈文，他的《师说》至今仍是人尽皆知。

韩愈不仅是一位文学大家，在政治、教育、哲学上，也都有杰出的贡献。在政治上，他提倡中央集权，反对唐朝的节度使制度，认为节度使会造成藩镇割据的局面。在教育和哲学上，他继承了董仲舒的“性三品说”，这对当时的儒家来说是非常重要的，并且对哲学领域也造成了深远的影响。

▲ 韩愈画像

韩愈认为，人性是与生俱来的，而感情是因为人接触了外部的东西产生的。人与生俱来的人性有仁、义、礼、智、信，而后天生成的情则包括喜、怒、哀、惧、爱、恶、欲。每个人都有自己的性情，每个人的性情都跟他人不一样。在韩愈看来，这种差距也是天生的。所以，他把人的性情分成了上、中、下三品。

性情上品的人，是可以通过教来

让他变得更好的。而对中品的人，则要加以限制，让其对政权产生畏惧，这样才能保证其品行良好。

韩愈的性三品论与董仲舒将人性分成“圣人”“中民”“斗筲”是一样的，这种观念势必会将历史发展的原因归到某个人的身上。实际上，个人的力量是渺小的，即便他是英雄，是圣人，也很难凭一己之力左右一个时代。韩愈认为，历史就是由圣人所创造，这也是他性三品论的结论。

▲ 韩愈陵园

“革新斗士”柳宗元

柳宗元，字子厚，唐宋八大家之一，与韩愈同样在文学和哲学领域有着出色的表现，是古文运动的领导者之一。柳宗元出生于河东，因此也被称为柳河东。

柳家世代为官，祖上有不少人封公列侯，还出过几任宰相。因此，家庭环境很好。柳宗元从小就展现出过人的才华和志向，但是在年少时，他总以为文章华丽才是展现才华的最好方式。公元793年，柳宗元高中进士，803年成了监察御史里行。因为柳家是官宦之家，柳宗元又年少有为，很快就结识了一大批官员。

柳宗元与王叔文等人结成一党，王叔文掌权后，试图通过改革来改变当时藩镇割据、宦官专权、土地兼并严重的情况，柳宗元也参加了活动，与王叔文等人一起上书朝廷，史称永贞革新。不料，唐顺宗病重，担心自己权力受到威胁的宦官、外戚集团逼迫唐顺宗禅位，将唐宪宗李纯捧上了皇位。

▲ 柳宗元画像

李纯即位后，开始打击以王叔文为首的革新集团。王叔文被赐死，柳宗元被贬为邵州刺史。还未到任，又被贬为永州司马。10年后，才被上调为柳州刺史。

柳宗元一生心系朝政，他写的文章多以批判藩镇割据为主，希望皇帝能够将政权集中起来，保证国家的强大。除此之外，他还在唯物主义哲学上颇有造诣，《天对》《天说》等具有唯物主义哲学色彩的文章都出自柳宗元之手。他反对天命论，更反对封建君王得天命、为天子的说法。

他与韩愈一起领导了古文运动，提倡散文革新，后世将二人并称韩柳。柳宗元认为，文章必须有主体内容，必须朴素易懂。他反对单纯地堆砌华丽辞藻，反对南北朝以来颓靡的文风。在柳宗元的作品中，有很多具有深刻意义的杂文和寓言。其中有不少影射了当时的政治状况，表达了他对自身遭遇的不满。

柳宗元和韩愈所提倡的古文运动对教育是非常有利的，如果人人都能重视文章内容，都能言之有物，那文章就能真正做到对国家、对人民有利。一味堆砌华丽辞藻、内容空洞的文章，是没有任何意义的。柳宗元认为，文章的思想内容与写文章的手法同样重要，写文章的态度必须严肃认真。先秦两汉的文章是柳宗元所推崇的，他认为文章要如同诸子百家的经典那样言之有物，那样有实际意义。

柳宗元留下了许多作品，虽然柳宗元是古文运动的发起者，但是他的文章却没有脱离唐朝骈文的风格。他只有少数文章出彩，大部分都非常平凡。

永州八愚

柳宗元被贬官到永州做司马，可见当时的永州并不是什么好地方。用荒凉偏僻、人迹罕至来形容，是非常恰当的。永州虽然并不发达，但有壮美的自然景色。因此，柳宗元虽然被贬官，心中郁闷，但仍然享受永州的自然风光，自得其乐。

刚到永州时，柳宗元就住在冉溪附近。他认为自己想要改革，想要除时弊，就如同愚公移山一样困难，于是就自比古代的愚公。门前的冉溪被改名为愚溪，溪边的小山就被改名为愚丘，附近的泉水、小河也被改名为愚泉、愚沟。

这些自然景观都被柳宗元赋予了全新的名称，那自己建造的景观就更不能放过了。他把自己建的小屋取名为愚堂，自己挖的水池取名为愚池，池上修建的亭子叫愚亭，池中的假山就叫作愚岛。柳宗元命名的自然景观和人造景观，并称永州八愚。

柳宗元来到永州以后，开始了田园生活。晨兴理荒秽，带月荷锄归。不管是花园里的花木还是田地里的庄稼、蔬菜，柳宗元都要亲自打理。不忙的时候，他就在溪边垂钓。有些时候，还会呼朋唤友，一起饮酒、写诗。

虽然柳宗元在永州过着田园生活，但他却始终心系政治。对着眼前的风景，他写出了《八愚诗》《愚溪对》等作品。《愚溪对》是一个寓言，讲述了一天夜里，愚溪的河神托梦来找柳宗元，质问柳宗元为何将小溪改名为愚溪。河神一直兢兢业业地为百姓服务，不管是浇灌农田还是河上的运输，从没出过什么问题。柳宗元则回答河神，愚者真的就是人们认为的愚蠢吗？还是那些自以为聪明的人把“诚实”“勤恳”等美德当成了愚蠢呢？

是啊，愚公真的是愚公吗？智叟也未见得就是真正的智者。柳宗元被贬官到永州，不是因为自己的不称职，而是因为皇帝被小人蒙蔽了双眼。八愚，不仅是柳宗元的自嘲，更表达了对唐宪宗行为的不满。或许在柳宗元眼里，真正愚的人不是自己，而是唐宪宗。

“宾客”刘禹锡

刘禹锡出生于唐代官僚家庭，祖籍河北，安史之乱时刘家为了避祸，迁往江南地区。刘禹锡年少得志，22岁就中了进士，在游学过的洛阳、长安一代名气颇高。他与柳宗元同年及第，私交甚笃。因此，他也成了王叔文革新集团中的一员。

永贞革新失败后，刘禹锡作为改革派重要人物之一，也被贬官。与柳宗元类似，刘禹锡被贬到了朗州做司马。

刘禹锡是一位出色的诗人，在诗歌创作方面与唐朝其他诗人追求曲高和寡不同，他更乐于从民间取材，将民间歌谣融入自己的诗歌中。因此，他的作品总是能够从不同的角度来描写事物，很接地气。他的《竹枝词》《杨柳枝词》《浪淘沙》等诗词，都具有浓厚的生活气息。他的诗词语言生动，言之有物，观点明确，风格坚毅。特别是他用来讽刺政治的诗词，总是能够一语中的，直指问题关键。

▲ 刘禹锡雕像

除了诗歌，刘禹锡在哲学方面也有很深的造诣。著名的《天论》

就是他的作品，展现出朴素的唯物主义哲学观和唯物主义辩证法。在《天论》中，刘禹锡阐述了“天”究竟是什么。他认为，天与世间万物并无区别，都是由物质组成的，是没有意志的。任何事物发展到极致的时候，都会向相反面转化，也就是人们所说的物极必反。这些观点在当时都有着划时代的意义。

刘禹锡的思想也是有局限性的，虽然他的哲学观是唯物的，但他的历史观却是唯心的。他所主张的改革，只不过是想办法维护封建统治，而不是终结封建统治本身。

柳、刘的自然观

唐代时期，宗教之风盛行，特别是佛教。众多高僧从外取得真经，佛教发展到了空前的高度。这从某种程度上让唯心主义哲学得到了极大的发展。很多敬鬼神而远之的有识之士开始研究唯心主义，不过这不但没有让他们认同唯心主义思想，反而让他们发展出了唯物主义哲学。

唐代的唯物主义思想家以王充、范缜的思想为根基，与唯心主义进行对抗。其中以刘禹锡、柳宗元为代表。柳宗元和刘禹锡不仅观点相近，更生活在同一时代。两人都对对方的思想、作品颇为推崇，还经常借着作品隔空交流。韩愈虽然与柳宗元共同倡导了古文运动，却是天命观的忠实信者。而刘禹锡、柳宗元的主要对抗对象，就是韩愈所倡导的天命观。

刘禹锡的思想是以荀子的唯物主义观为基础的，他觉得玄学、佛学、道教思想中的无是不存在的。自然界中充满了物质，只不过有些是我们能够看见的，而有些是我们看不见的。而无，也就是空，同样是一种物质形态。但这种物质形态是特殊的，是不能离开有物质的物体单独存在的。这一观点是唯物主义观点的一大进步。

柳宗元则认为王充的元气说是真知灼见，他认为宇宙是无限广阔的，但并不存在什么神明，也没有天命执掌这个世界的运转规律。宇宙当中充满了元气，在天地初开的时候，只有元气在运动着。正是因为元气的运动，世间万物才能从混沌之中诞生。阴阳二气就诞生于元气，阴阳二气不断碰撞，互相吸引、互相排斥，诞生了越来越多的东西。继而，宇宙出现了。显然，柳宗元的唯物主义自然观还不成熟，但他坚定的无神论观点在当时已然是非常先进的。

刘禹锡和柳宗元的自然观都是相对客观的，他们认为宇宙并不存在神明，并不由一个意志掌控，而是按照一定规律自然运转的。宇宙万物都在不断变化，都在不断发展。刘禹锡建立了天人关系学说，他认为世界上的万事万物都有自己的作用。万物生长，生老病死，这不过是自然发展的必然历程，不管是人还是其他生命，都无法超脱。自然中是存在竞争的，人类就是自然界中的强者。人类的一切都不是上天赐予的，都是人类从自然界中去争取来的。人不能改变自然界，而上天也不能改变人类社会的状况。因此，神明是不存在的。

刘禹锡和柳宗元的学说是古代朴素唯物主义的一大进步、一大发展，更是近代唯物主义的基础。

第六辑

宋元明清时期：理学的天下

先天下之忧而忧，后天下之乐而乐

在《岳阳楼记》中，北宋名臣范仲淹写下了这样一句千古名言：“先天下之忧而忧，后天下之乐而乐。”

《岳阳楼记》一文记录了范仲淹游岳阳楼的事情，作者从优美的风景，联想到前来观看湖光山色的人们心中的感想，并提出一种想法：人们因个人命运或山水景色变化而引发出的喜、怒、哀、乐情绪，说到底其实都是不足称道的。

范仲淹说，他曾研究过古代仁人的心，发现他们的喜、怒、哀、乐，与那些“不足称道”的喜、怒、哀、乐是截然不同的。他们身处朝堂之上时，会为百姓的生活而忧心；他们远离朝堂时，会因国家的安危存亡而忧心。

像这样的人，做不做官都在忧愁，那么，何时才能有快乐的时候呢？对这个问题，范仲淹给出最完美也最动人的答案——“先天下之忧而忧，后天下之乐而乐”。

▲ 范仲淹画像

范仲淹的思想被后世总结成了四个字——“忧国忧民”。这实际上也是儒学的一贯传统，对于一个儒者来说，心系国家与百姓的安危是他们义不容辞的责任。

周敦颐与太极图

“出淤泥而不染，濯清涟而不妖”是《爱莲说》中流传千古的名句。《爱莲说》是周敦颐的名作。周敦颐除是一位著名的文学家外，更是一位哲学家、思想家。

周敦颐从小就酷爱读书，志向高远。当地人认为周敦颐博闻强识，思想高洁，有古人风范。周敦颐阅读了诸子百家的书籍，还研究过汉朝才传入中国的佛学，这为他今后集诸多思想于大成打下了基础。

周敦颐不是进士出身。15岁时，周敦颐的父亲病逝，他就和母亲一起前往京城，投奔舅舅郑向。郑向是宋仁宗时期的龙图阁大学士，对周敦颐非常照顾。几年以后，根据朝廷政策，郑向有资格推举一位子侄入朝为官，他没有推荐自己的儿子，而是推荐了周敦颐。于是，周敦颐就成了将作监的主簿。

▲ 周敦颐画像

周敦颐一边做官，一边治学，他研究《周易》，并且从《周易》中得到了启发，写出了《太极图·易说》。周敦颐的哲学思想主要综合了儒道两家，他认为天人合一的最高境界就是“诚”。世界上的一切都是从“诚”中诞生的，“诚”是宇宙的根本。天地万物的根源是太极，太极当中的阴阳二气交合生出了人与世间万物。宇宙中有太极，而人间也有人极。人的道德，人的本性，都是宇宙不断发展的过程中的一部分。而人极的发展，是朝着好的方向发展的，人的真诚善良才是符合宇宙真理的。

周敦颐是宋代理学的始祖，他在儒学的基础上提出了无极、太极、阴阳、五行等概念，将这些概念从道家引入儒家，为理学奠定了基础。被认为是宋代理学大家的二程，就是发扬了周敦颐的思想。程颐曾说过，他之所以成为理学大家，正是因为年少时听了周敦颐的讲学，从而放弃了仕途，开始寻求儒家哲理。

严于执法

周敦颐对法律有着自己独特的看法，他认为，刑罚不可废除，但是在使用的时候应该格外慎重。他说，圣人用仁养育世间万物，用义校正万民的行为。正因为圣人将仁义带给人间，世间万民才有好机会得到教化，才能一心向善。但是，万物春生秋收，圣人效仿上天，用行政策略来保证天下万民能够生存，用刑罚来约束人民的行为。人要顺化，刑罚也不可缺少。刑罚决定了一个人的生死，所以在用刑的时候一定要公正，要慎重。

在青年时期，周敦颐就贯彻了他的执法思想。他曾去南安做司理参军，他的上官王逵是个性格暴戾、头脑简单的人。有个人犯了法，王逵想要从重处理，判那人死刑。那人虽然犯罪，却罪不至死。

但王逵官职较高，且在当时有深厚的势力，没人敢劝阻他。

这个时候周敦颐站了出来，他与王逵据理力争，但王逵并没有将他放在眼里。周敦颐一怒之下弃官而去，临走之前说：“面对这种情况，我还有什么理由当官？用杀人来恐吓别人，逼别人对自己阿谀奉承，这种官我不要做。”周敦颐坚决的态度逼得王逵改变了想法，罪犯才得以保全性命。

周敦颐执法严厉，但不滥用刑罚的名声很快就传遍了周边地区。当周敦颐被调到南昌的时候，不管是与地方官勾结的土豪劣绅，还是之前贪赃枉法的官员，全都夹起了尾巴做人。他们知道，只要敢于触犯法律，这位铁面无私的周大人就会把他们绳之以法。

没多久，周敦颐又被调到合州做判官，下面的官员遇到任何事情都要周敦颐做决定。周敦颐并没有用权势压迫他们，更没有采取什么铁腕手段。事实上，周敦颐待人谦和，很少争权夺势。即便如此，下官们还是喜欢由周敦颐来处理事情。

部使者赵抃经常听一些官员说周敦颐的坏话，因此对周敦颐印象很差。等到周敦颐成为虔州判官的时候，赵抃是他的顶头上司。他对周敦颐十分苛刻，经常找周敦颐的麻烦。但是，与周敦颐相处的时间长了，赵抃发现周敦颐并不像那些官员口中说的那样。他握着周敦颐的手说：“我如今才了解周先生你的为人，我差点错怪了你。”

关学创始人——张载

张载是理学学派中关学的创始人。张载的学说被称为关学，是因为他经常在关中地区讲学，他的弟子也大多来自关中地区。关学是理学当中非常重要的一支，后来的理学大家朱熹就是关学思想的继承人。

关学的思想来自佛教、道教以及儒家思想的融合。早年时，张载酷爱读书，范仲淹建议他读《中庸》，从此他就成了儒家学说的拥护者。

张载认为，这个世界是由气构成的。虽然人们只能看见这个世界上的一部分东西，但不管是看得见的部分还是看不见的部分，都是由气构成的。出现这种情况是因为气有两种存在方式。

▲ 张载画像

当气凝聚起来的时候，就形成了人们能看见的那部分事物。这部分事物通过颜色、光辉，展现在人们的眼前。当气散开的时候，人们就看不到了。散了的气构成了虚空，没有光，更没有颜色。散开才是气的长期状态，凝聚只不过是暂时的。当气从凝聚走向消散时，并不代表事物消失了，只是人们看不见了而已。道教所说的太虚，就是气的消散状态，也是宇宙最开始的状态。

民胞物与

张载的思想博采众长，其中最重要的就是民胞物与思想。民胞物与思想是一种博爱的思想，却不是一种平等思想。

在《西铭》中，张载是这样阐述的。他说，天为父，地为母，我们都是天地的孩子。世间所有的人都是同胞，所有的动物、植物，都是我们的伙伴。天地之间所有的人都是一家人，但是即便在同一个家庭里，每个人的分工也是有所不同的。君主就是家中的长子，大臣们就是长子的管家。我们在同一个家庭里生活，自然是要听接受了父母权力的长子的话。这种等级制度是与生俱来的，人们应该遵守等级制度，遵守伦理道德。至于人生的富贵贫贱，人们不应该过多去追求，上天给了你富贵，那是父母给你的优待。如果上天给你降下了苦难，那是父母对你的锻炼，是你走向成功的必经之路。所以，人在活着的时候要顺应天意，死的时候，也要安然接受。

张载的思想中有积极正面的部分，例如告诉人们要随遇而安，例如宣传博爱。但也有其局限的一面，例如强调封建等级制度，强调爱也是分等级的，强调人应该对上天给予自己的东西欣然接受，不要强求。他的思想被程颐发扬光大，概括为“理一分殊”，成为中国古代封建社会人伦道德关系的指导原则。

哥哥“英雄”弟“好汉”

在宋代理学的发展过程中，有一对兄弟是不得不提的人物，他们就是二程。二程是程颐与程颢的并称，主要作品有《二程集》。

二程认为，理才是宇宙的本源，是宇宙的本体。心就是理，理就是心。客观事物的表现，不过是人内心用其他参照物做了对比。有心才有形，没有心，没有了对比，事物也就没有了形。那么，一个人只要能够认识到天地之间是充满仁的，人与天就没了区别，就可以达到天人合一的境界。

人性，由理气结合而成，每个人的“理”都是一样的，所以每个人生下来都差不多。气则不同，气是不均匀的，是有薄厚、清浊的。所以有的人聪明，有的人愚笨；有的人善良，有的人邪恶。但是，后天的气可以通过教化改变，只要肯学，最差劲的气——“下愚”，也能够被改变。

在认识事物这一方面，二程继承了张载的思想。他们认为对事物的了解应该分为“闻见之知”和“德性之知”。闻见之知是物与物之间的认知，亲身经历的就成为真知，而间接知道的就是常知。德性之知，不假闻见。只要人有足够的道德修养，有足够的理性，就能够超越常规的“闻见之知”，获得更多的知识。

二程最著名的理论，是在心理思想方面的理论，也就是“存天理，灭人欲”。

存天理，灭人欲

存天理，灭人欲，就是指心中要保留天理，消灭作为人的欲望。天理与人欲，在儒家看来是两种对立的情感，最早出现在儒家经典《礼记》中，由二程加以发扬光大。

之前我们已经说过，二程认为人是由理、气构成的。理，就是天理，就是人人身上都拥有的好的那部分东西，是纯粹的善。而很多人脱离了善，生出了恶的心，做出了恶行，是因为他们被人欲控制了。想要让人心中好的那部分东西占据上风，那就必须消灭人欲。如果放纵人欲，那天理就会被人欲所淹没。作为一名儒家学者，理应存天理，灭人欲，超凡入圣。

“存天理，灭人欲”的思想由二程发展，到了南宋朱熹时得以完善。朱熹不满足于简单的“天理”“人欲”说，他为天理与人欲划分了明确的范围。

▲ 程颐画像

朱熹认为，天理就是人的天性。人人都喜欢钱，人人都想要活得久一点，人人都喜欢锦衣玉食。这些虽然是欲望，但是天理当中就包含了的，是人与生俱来的，这些东西无法避免。而如果人人都能过上好的生活，欲望都能被满足，那这就是天理。但如果有人独占了这些东西，霸占了其他人满足欲望所需的东西，那这就是人欲。

人人都要吃饭，但吃饭如果是为了填饱肚子，为了自己的身体健康，那这就是天理。而如果想要吃更多，想要吃得更好，这与填饱肚子、保证健康无关，那这就是人欲了。这些部分，还算是朱熹看法中有道理的内容。而他的看法中有关等级方面的内容，则显得毫无道理。

朱熹认为，人欲应该按照等级划分。越是高级的人，欲望抵达人欲的标准就越高。例如，皇帝后宫有三千佳丽，这不算是人欲。朝中官员都三妻四妾，这也不算人欲。但穷人如果娶两个老婆，那就是人欲。如果家中的子女不满于包办婚姻，想要自由恋爱，那就是人欲。朱熹觉得，人欲的划分是非常微妙的，稍有不慎就会酿成严重的后果。所以，人们在划分人欲的时候一定要认真。

朱熹对“存天理，灭人欲”的发展，极大地限制了封建社会人们的思想发展。到后来，它完全成为封建统治阶级压迫人民的工具。

理学大师——朱熹

朱熹从小就展现出过人的才华，他师从父亲，四岁的时候，他的父亲指着天说：“这是天。”朱熹看了看天，问：“天上有什么？”朱熹的父亲大惊，年仅四岁的朱熹已经展现出了勤于思考的天赋。

正是因为朱熹勤于思考，才在哲学、经学、教育、音乐、文学、地理、自然科学等方面都有所成。他的思想更是“新安理学”的奠基之学，与二程的思想共同影响了中国思想界近千年，直到西方平等思想传入中国。

在朱熹的思想当中，于现在仍有积极意义的就是“格物致知”了。格物致知，也就是先考察事物，然后再得出结论的意思。“格物致知”最早的记载是在儒家典籍《大学》中，是指儒家学者求学的最初两个阶段。在儒学观念中，能治理好国家的人，必然是个自身修养极高的人。这样的人能够明辨是非，而明辨是非的前提就是能够正确地、客观地认识事物。这一过程，就是格物致知。

▲ 朱熹画像

格物致知到了宋代，被朱熹单独拿了出来，放到了非常崇高的位置。他认为，《大学》中对于格物致知的说明并不完整，于是他自己补全了这部分内容。朱熹认为，考察事物是认识事物理的前提。世界上的一切事物当中都有理，这是上天赋予的。而每个人也都知道理，只不过根据个人学识的不同，心中“理”的多少也是不一样的。

想要进步的人，想要求学的人，必须把心中的理作为基础，不断努力，不断获得最高的理。经过不断的努力，人会达到类似佛家所说的“顿悟”状态，在一瞬间明白天地万物一切的理。

朱熹所说的理，不仅是这世界上能够看见的一切事物的理，也是社会、国家运转的理，还是个人修养、待人接物的理。想要懂得这些理，那就必须格物。要孝顺父母，就必须亲自去做，再在内心想想是不是合格的。服务君王，也要身体力行，要经过考察才能明白要如何去服务君王。这与心学的理论是截然不同的，心学认为，人们心中只要有好的东西，将这些好的东西推广开来，推广到每件你想要做的事情上，那就是格物了。而朱熹则提倡，一定要身体力行地去考察、去做。

在唯心主义主导的古代社会，唯物主义学者不得不将他们的研究冠以格物之名，这样才能有儒家学者的头衔，才能在社会上拥有一席之地。西方的物理学、化学等自然学科传入中国时，他们的研究仍然被称为格物学、格致学。

“心学”始祖——陆九渊

与朱熹齐名的陆九渊是宋明两代“心学”的开山之祖，是宋代有名的理学家、教育家，因曾在象山书院讲学，所以被人们称为“象山先生”。

陆九渊，字子静，号存斋，南宋金溪县人，于南宋乾道八年（1172）中进士。他是个极为自律、行动比语言快的人。在为官期间，他提倡实干、不喜空谈，并提出了医国的“四君子汤”——任贤、使能、赏功、罚罪。

陆九渊历任靖安县主簿、崇安县主簿、台州崇道观主管、荆门军知军等职。在治理荆门期间，陆九渊政绩显著，行事始终以“四君子汤”为准则。可以说，荆门的政绩都是陆九渊事必躬亲、实实在在打拼出来的。陆九渊也因此受到了当时丞相周必大的称赞。

“心即理”的哲学思想就是陆九渊提出来的，他认为，天理、人理、物理都只存于心，心才是世上唯一的真实。陆九渊说：“宇宙是吾心，吾心便是宇宙……千万世之前，有圣人出焉，同此心同此理也，千万世之后，有圣人出焉，同此心同此理也。”故而，在这世上，只有人的心才是永恒不变的，心即理，心即封建伦理纲常。

历史上有一场著名的辩论，史称“鹅湖之会”，辩论的两位主人公正是陆九渊与朱熹。在这场辩论会上，陆九渊进一步阐释了他“尊德性”和“发明本心”的“心即理”论点。后来，明代的王守仁继承

▲ 陆九渊画像

了他的这一学说，并将其发展为宋明理学一个影响极大的派别。

陆九渊一直热衷于教育事业，并在教育实践中总结出一套独特的教育方法和教育思想。他将“传道授业解惑”作为自己的终生事业，“每天讲席，学者辐辏，户外履满，耆老扶杖观听”。江西、浙江两地有许多人都是陆九渊的弟子。

和那时候众多的读书人一样，陆九渊也一直在用自己的方法，拯救南宋朝廷的衰败命运。他认为，只有学以致用才能培养出具有强烈社会责任感的人才，从而拯救朝廷，改变社会。在教育上，陆九渊主张以道为主，以艺为辅。所谓“道”，指的就是封建伦理纲常，“艺”则是实用的知识技能技巧。陆九渊认为，只有先在人的“心”上做功夫，让人通过对道深入体会，才能成为一个堂堂正正，对国家、社会有益的人才。他的学说理论被后人整理编撰成了《象山全集》，共36卷。

鹅湖之会

鹅湖书院是江西广信府铅山县内的一家书院，自东晋以来，历经唐、宋、明等朝，这里都是非常著名的文化中心，许多学者都曾在此处聚居讲学。

要说鹅湖书院，就要从鹅湖寺说起。历史上朱熹与陆九渊之间曾有过一场非常著名的辩论，即“鹅湖之会”。这场盛会正是因为发生于鹅湖寺而得名的，后来，为纪念这场盛会，信州刺史杨汝砺在此修建了“四贤祠”，供奉朱熹、吕祖谦、陆九渊和陆九龄四位圣贤，而鹅湖书院就是由此开始修建起来的。

明代宸濠之乱时，鹅湖书院的学舍在战乱中全部被毁坏。后来，在清康熙二十二年（1683），时任地方官的潘士瑞曾对此进行过修缮。康熙五十四年（1715），令尹施德再次大加修建此地。李光地所作的《重修鹅湖书院记》中记载说：“书院之建，实为国家学校，相为表里，李渤高士尔，朱子犹倦倦焉。今使先贤遗址，焕然重修，江右故理学地，必有游于此，而后乎兴起，以绍前贤者。”最终，因为未受官方的支持与重视，鹅湖书院再难恢复当初的辉煌，成了历史的陈迹。

鹅湖书院之所以能够誉满全国，主要还是因为宋代著名的理学家朱熹与陆九渊等人都曾在这里讲过学，进行过学术辩论。而其中最著名的一场辩论，就是此前提过的“鹅湖之会”。

南宋淳熙二年（1175），因朱熹与陆九渊两派学说的论点有所不同，常常引发争论，于是吕祖谦便邀约朱、陆两家一起前往鹅湖寺，以解决两家的分歧。

当时，朱熹和陆九渊、陆九龄兄弟都前往赴约了，双方展开了激烈的辩论。朱熹认为“泛观博览，而后为之约”；而陆九渊则主张“先发明人之本心，而后使之博览”。朱熹指责陆学太过简易，而陆九渊则又驳斥朱学太过支离。这就是中国哲学史上最为著名的“鹅湖之会”。虽然此次辩论并未能解决两派学说之间的分歧，但“鹅湖之会”对当时的学术界影响是巨大的，鹅湖书院也因此闻名于世，在历史上留下了浓墨重彩的一笔。

▲ 鹅湖书院

心外无物

陆九渊认为，人心看似只有方寸，实际上心中之理却足以涵盖整个宇宙，故而，万物万理，无非是心中之理。而理与心都可以看作天地的本性，所以人与天之间是可以沟通的。

在明朝中期，陆九渊的学说有了一位知音，那就是大名鼎鼎的王守仁。王守仁推行的是“心本论”哲学思想，他曾说：“心即天，言心则天地万物皆举之矣。”

王守仁和陆九渊一样，认为理不外乎人心，并进一步提出了“心外无物”的命题。在《传习录下》有一段记载，说有一天，王守仁和朋友去某处游玩，朋友指着一株长在岩石缝里的花树问王守仁：“你说天下之物都有心，那么这株长在山岩上的花树呢？它在深山自开自落，与我们之心有何干系？”王守仁答道：“你没有看到这花树时，它与你的心一样，岿然不动；但当你看到这棵花树时，它便进入了你的视野，花的颜色、形状等，都会与你的心发生感通，在你心头显现。所以说，它不在你的心外。”

从这则小故事可以看到，王守仁的逻辑思路是：心中之理和宇宙万物之理是同样的东西。所以，明白心中之理，就意味着明白了万物之理；明白了宇宙万物之理，就等于理解了万物不在我的心外。对此，我们还可以一起来看看以下这段对话。

王守仁问友人：“什么是天地的心？”友人答：“听闻，人就是天地的心。”

王守仁问：“人心指的是什么？”友人答：“你真是一个灵明。”

王守仁感叹：“可知晓充塞天地，中间只有这个灵明！人受到物我差异的迷惑，隔断了人心与天地之心。但其实，我的灵明就是天地鬼神之主宰……离开我的灵明，那么天地鬼神万物就都不存在了。”

友人追问：“天地鬼神万物，原本就一直在那里，怎么说没有了我的灵明，它们就不存在了呢？”

王守仁答：“你瞧那死去之人，精灵游散，于他来说，这天地万物又在何处呢？”

从这段对话中可看出，王守仁认为的“天地万物”与真实存在的客观天地万物并非同一个概念。他认为，每个人心中都有一个自己的天地万物，这是依托于人心而存在的。他学说中所谓的“天地”，实际上就是我们心中的天地。

天理良心

道学中所说的“天理”，实质上是封建社会的宗法伦理道德。将它作为评判是非善恶的标准，说到底，就是为了用它来制约人们的思想和行为，让人们通过对“天理”的认识与认可，来“正确”定位自身与他人、社会、天地万物之间的关系，从而自觉遵守纲常名教的规定，维系社会的稳定。

南宋的陆九渊和明代的王守仁皆为心学的代表人物，他们对道学家将天理作为是非标准的理念是认同的，但与此同时，心学家们又进一步提出，天理其实存在于现实的人心之中，而非外在的客观必然。

人的本心、良心就是天理，人遵循自己的良心处事，便为合理。

《陆九渊年谱》中记载了这样一个故事：陆九渊的弟子杨简在富阳县当主簿。有一次，陆九渊去探望他，当时他刚处理完一桩诉讼案，便向陆九渊请教，究竟什么是本心。陆九渊告诉他说，方才断案的时候，他听完双方讼词，便已判断出孰是孰非，判断的依据不正是自己的良心吗？而这良心，就是本心。

王守仁也曾说过类似的话，他说："良知只是个是非之心。"

道学讲天理，心学讲良心，这两种学说的是非标准，实质上所针对的都是人类的道德意识和道德行为，这也是中国传统是非标准论的特色所在。天理侧重的是"他律"，良心强调的是"自律"，二者结合，相辅相成，对中国近古社会的影响是非常深的。但这两种评判标准实际上都存在弊端。比如天理，它本就是对自然规律和人伦关系的抽象描述，若是被奉为不可更改的教条，那么就很容易走向僵化，成为人们的桎梏。而良心论，则是将道德的理想主义大厦建立在了人类的情感欲望之上，这是非常危险的行为，很容易偏向自然主义、非道德主义和无是无非论。

满街都是"圣人"

王艮是王守仁的学生，有一次，他出游归来，王守仁便问他说："你在出游时都看见了什么？"

王艮回答说："看见了满街都是圣人。"

王守仁说："你看满街都是圣人，满街人看你也是圣人！"

又有一次，王守仁的另一个学生也出游归来，一见到王守仁，便兴冲冲地对他说："先生，我今日遇见一件怪事。"

王守仁问："什么怪事？"

学生激动地说："我瞧见满街都是圣人！"

王守仁淡定地说："这不过是常事，有什么可奇怪的？"

王守仁曾在1525年前后写过一首诗，其中一句是："各个人心有仲尼。"王守仁认为，每个人心中都有圣人。他在讲学时也常常向学生灌输这一观点，而以上那两位弟子，显然正是对老师的教导心领神会，才会发生这样的对话。

所谓"圣人"，指的就是那些在封建统治阶级眼中最理想的人性道德典范，如孔子、孟子。那么，王守仁和他的弟子为什么会产生"满街都是圣人"的想法呢？这是因为，他们认为，任何人都是可以被教化的，人性天生就向善，不管是"圣人之心"还是"愚民之心"，实际上没有什么不同。

天泉桥之辩

明朝嘉靖六年（1527），56岁的王守仁接到朝廷诏令，出征广西思田。他的得意弟子钱绪山（又名德洪）和王龙溪（又名汝中）来为他饯行。二人因观点不同而展开了辩论，并请求老师王守仁为他们裁决胜负。就这样，中国哲学史上著名的"天泉桥之辩"拉开了帷幕。

钱绪山一直认为，自己深得王守仁的真传，于是信心满满地说道："无善无恶是心之本，有善有恶是意之动，知善知恶是良知，为善去恶是格物。"

王龙溪知晓钱绪山所说的其实就是王守仁的观点，但他还是反驳道："若说心体是无善无恶的心，意亦是无善无恶的意，知亦是无善无恶的知，物亦是无善无恶的物。"王龙溪认为，心、意、知、物其实就是一回事，如果心中无善恶，那么意、知、物中自然也无善恶。

此时，王守仁其实已经重病在身，他或许是知道自己时日不多，便打算彻底开导一下这两位尚不成熟的弟子。他说道：

"二君之见，正好相资为用，不可各执一边。我这里接人，原有此两种。利根之人，直从本源上悟入。人心本体原是明莹无滞的，原是个未发之中。利根之人，一悟本体，即是功夫，人己内外，一齐俱透了。其次不免有习心在，本体受蔽，故且教在意念上实落为善去恶。功夫熟后，渣滓去得尽时，本体亦明尽了。汝中之见，是我这里接利根人的。德洪之见，是这里为其次立法的。二君相取为用，则中人上下皆可列入于道。若各执一边，眼前便有失人，便于道体各有未尽。"

在王守仁心中，无论什么理，能引人入道、拯救百姓的，就是最完善的"理"。这正是理学中关于"善"与"美"的标准。

理在心中

王守仁在弘治十二年（1499）中进士之后，便被安排去了工部实习。次年，他又被调派到刑部主事，做了个掌管法律和刑狱事务的小官。几年后，王守仁托病回了浙江，在阳明洞盖了几间房，潜心苦读、修身养性。之后又再战官场，做了兵部主事。

明武宗正德元年（1506），宦官刘瑾专权，将南京20余名官员下狱。王守仁大胆上书谏言，得罪刘瑾，也被捕入狱，并受了40杖责。不久之后，他便被贬到贵州做了名传送公文的小驿丞。

事已至此，刘瑾却依然不肯放过王守仁，悄悄派了几名刺客去追杀被贬官离京的王守仁。到钱塘江的时候，刺客们追了上来，走投无路之际，王守仁只好假作投江，实际上是暗中搭上了一条商船，去了舟山。偏偏那时还遇上风暴，在船上熬了好几天，王守仁才抵达目的地。

后来，回想起这一段艰险的经历，王守仁在诗中写道：

险夷原不滞胸中，
何异浮云过太空。
夜静海涛三万里，
月明飞锡下天风。

王守仁在贵州的万山丛中待了整整三年，日子清苦艰难，但他却从未放弃过对程朱理学的研究。一天夜里，他坐在桌前苦苦冥思，突然间激动得大喊大笑起来。周围熟睡的人都被惊醒了，纷纷赶来探望询问。只见王守仁喜形于色，悠悠然说道："朱熹提出'格物穷理'，说万事万物都是从'理'派生出的，故而，外界一切事物都存在天理。我曾格过物，也穷过理，对着竹子格了整整七天，也没穷出什么理。如今我才知晓，朱熹的这套说辞都是错的。'理'其实一直就在心中，只要自己从心中去寻找，便能悟出圣贤之道理。"

对这套苦思冥想之后得出的理论，王守仁非常得意。之后，他便一边在龙场山洞著书立说，一边筹建龙冈书院，准备招收弟子来宣传和推广自己的学说，这就是后来的"心学"。

知行合一——王阳明

王阳明是明朝著名的思想家，“知行合一”的观点就是他提出来的。

王阳明，原名王守仁，字伯安，别号阳明。他出身于官僚家庭，父亲是礼部左侍郎王华。1499年，王阳明中了进士，先后在刑部、兵部主事。后来，在1506年，王阳明得罪了大宦官刘瑾，被贬到了贵州。1510年，王阳明升任知县，后又在1516年升任右佥都御史，最后一直做到了右副都御史。晚年时，王阳明开始聚众讲学，他的著作后来都被弟子们刊印发行了。

“知行合一”是王阳明学说的中心思想，他强调，人的活动都是有目的、有意识的，那么，人的主体与客体该怎样联系起来呢？王阳明提出“求理于吾心”，也就是“知行合一”。王阳明用主体包容客体，否定了客体的独立性、自然性和物质性。

王阳明对“行”的解释是：“凡谓之行者，只是着实去做这件事。若着实做学问思辨工夫，则学问思辨亦便是行矣。学是学做这件事，问是问做这件事，思辨是思辨做这件事，则行亦便是学问思辨矣。”如果有一个人行事不遵循仁义礼智信的原则，那么，这个人就是无法预测的。因为他心中没有良知，那么在行事时，他便不会认真思索。假如他能认真思索，那么就会知道，自己应该对父母尽孝，对君主尽忠，这些都是可以预测的。

因此，王阳明的“行”范围非常广，包括了学、问、思、辨四个方面，这也是《中庸》中关于“知”的内容，而王阳明模糊了两者的概念，“合成”了“知行合一”的理念。王阳明所提出的“一念发动处即是行”，实际上是取消了真正的“行”。故而，明末清初时的思想家王夫之才会批评王阳明是“销行以归知”。

事实上，王阳明的学说也是有其合理之处的，他想让人们树立起一种信念，将“善”的原则根植于内心深处，从源头消灭不善与恶念，这实际上也是“知行合一”的一个方面。只有全面理解了这一思想，我们才能做出正确的评价。

王守仁格竹

王守仁，即王阳明，他原本是朱熹“格物致知”学说的坚定拥护者，但后来，在实践失败之后，他改变了自己的想法。

《传习录》是记载王守仁哲学思想的一部书，在书中，他叙述了自己为验证“格物致知”而去“格竹”的事情：“众人只说‘格物’要依晦翁（朱子自号晦翁），何曾把他的说去用！我著实曾用来。初年与钱友同论做圣贤要格天下之物，如今安得这等大的力量。因指亭前竹子，令去看。钱子早夜去穷格竹子的道理，竭其心思至于三日，便致劳神成疾。当初说他这是精力不足，某因自去穷格，早夜不得其理，到七日，亦以劳思致疾，遂相与叹圣贤是做不得的，无他大力量去格物了。及在夷中三年，颇见得此意思，方知天下之物本无可格者；其格物之功，只在身心上做；决然以圣人为人人可到，便自有担当了。这里意思，却要说与诸公知道。”

意思就是：

众人都说要遵循朱熹提出的“格物致知”学说，但真正能身体力行的人并不多。年轻时，我却做过这事。有一年，我和友人讨论通过格物致知来做圣贤，于是决定先从自家花园亭子前的竹子开始。友人对着竹子思索很久，但用尽心思，也没能格出理，反倒把自己给累病了。于是后来，我就自己去格竹子了，坚持了七天之后，却还是没格出理来，自己也生了场大病。当时，我还以为是自己和朋友缺乏成为圣人的潜力。现在回想，应该是朱熹的格物致知，从认识的对象、方法和目的上就弄错了。

格竹失败让王守仁转而否定了朱熹的“格物致知”论，并提出了自己的“致良知”学说。所谓“致良知”，意思就是，认识的对象应是心灵，认识的方法则应是自我体验，然后再将自己体验所得推广到外部事物。至于最终目的，则与朱熹的“格物致知”论没有什么原则性的差别，都是为了提升人的道德修养与精神境界。

其实，王守仁对朱熹思想的理解，更多是从自己的意图出发的，并不代表这就真是朱熹的原意。朱熹曾说过“炊沙岂能成饭”，这意味着，他的“格物致知”论并不赞成泛泛观察自然事物。说到底，朱熹的格物致知，讲究的是外在观察与内在推理并重，而非王守仁所理解的那样偏激。

羞羞答答认错

王守仁提出并开始大力鼓吹“心学”的时候，出现了一位与他针锋相对的唯物主义哲学家——罗钦顺。罗钦顺对王守仁的“心学”理论大为反对，并多次与他直接展开辩论，驳斥他的“心学”观点。

比如王守仁宣扬：“天地万物是心演化而来的，随着心的变化而变化。”罗钦顺就反驳称：“假若说天地万物的变化是由于我心的变化，把滋生万物都归在我的心，这是不懂得天地与心的区别啊！”

其实，王守仁和罗钦顺的恩怨早在1514年时就开始了，那时候二人都在南京，每次见面都少不了一番争论。1519年，罗钦顺读了王守仁的《传习录》，对其中的观点嗤之以鼻。1520年，王守仁前往赣州途中时路过江西泰和，与罗钦顺一见，又是一番争论。直到1529年，王守仁去世之前，他们二人的争论都未曾停止。

王守仁在泰和与罗钦顺见面的那一次，送了两本书给罗钦顺，分别为《大学》和《朱子晚年定论》。罗钦顺阅读二书后，当即写信给王守仁，与之展开辩论。罗钦顺在信中提出了一些与王守仁不同的看法，他认为物就是物，而人也属于物的一种。万物都是阴阳相对的势力——“乾坤”的产物。此外，罗钦顺还指出了王守仁将朱熹著作年代颠倒的错误。

接到信后，王守仁便坐船离开了泰和。船上，王守仁给罗钦顺回了一封信，一方面羞羞答答地承认了自己编辑《朱子晚年定论》时弄错作品年代的错误，一方面又为了挽回面子而辩解称：“虽不必尽出于晚年，固多出于晚年者矣！”至于其他问题，王守仁自然还是坚持自己的观点，与罗钦顺又是好一通争辩。

无稽之言勿信

王廷相是明代著名的诗人、哲学家，被认为是“儒家气学集大成者”。他曾提出“无稽之言勿信”来批判宋明理学的是非标准论，提醒人们不要去相信那些没有经过实践验证的空谈。

在王廷相生活的年代，社会上流行一种说法，即“春天的雪花是五瓣，冬天的雪花是六瓣”。这是前代儒者所说的话，当时大家都深信不疑。但王廷相没有贸然相信，他通过自己的实际考察，发现这种说法是完全错误的，无论春天的雪还是冬天的雪，其实都是六瓣。王廷相说：“就因为大家都将前代儒者的话当作真理，所以才会以讹传讹，错了许久。”

儒家经典《诗经·小雅》上有句诗，曰：“螟蛉有子，蜾蠃负之。”在《诗经集传》中，朱熹是这样解释的：“土蜂取来青虫的幼子放到树洞中，七天之后，青虫的幼子就变化成为蜾蠃的幼子了。”

众所周知，朱熹的名气是非常大的，因此对他的解释，许多人都深信不疑。可王廷相却不以为然，他在进行实地考察之后，记录道：“我曾在乡里居住，年年取土蜂的巢穴观察，发现土蜂只要做好一个巢穴，便会在其中产下一个幼虫，然后再从桑叶上捉些青虫，从草地上捉些花蜘蛛，填满巢穴，来作为幼虫的食物。此后，幼虫会长成一个蛹，破蛹而出后便成了土蜂。一连考察数年皆是如此，可见，就连大儒朱熹也是会以讹传讹的，所以说，不要轻信那些未曾经过实际验证的言论。”

学道不分男女

李贽是明代著名的思想家、文学家，是泰州学派的一代宗师，曾在麻城的龙湖寺芝佛院中幽居过一段时间。

李贽是个十分矛盾的人，他有一颗火热的心肠，却过着隐居的生活；他居住在僧院读经谈佛，却又供奉孔子；他自称和尚，却从来不拒绝酒肉。说到底，他其实既不信奉佛祖，亦不信奉孔子，不过是“玩世不恭”罢了。

李贽在芝佛院著书讲学，学生非常多，他很喜欢与求学者交流，不管是谁来请教他，提什么样的问题，他都会十分有耐心地给对方回应，因此在麻城一带，他的名声很好。

▲ 李贽画像

有时候，也会有一些名门妇女来听他讲学，有人便说：“女人见识短浅，怎么能学道呢？”

李贽则反驳：“说人有男女性别之分可以，但若是讲见识有男女之分，那就不行了；说见识有长短之别可以，但若是讲男子见识都长，女子见识都短，那就不行了。况且，那些为学道而来的女子，有的甚至比男子还要强得多！”

李贽所说的那位比男子还要强的女子，就是梅国桢的女儿澹然，李贽非常看重她，还为她著了《观音问》等书。

因李贽主张学道不分男女，致使流言四起，甚至有人诋毁李贽，说他“左道（偏道）惑众”，想要驱逐他。李贽对此却轻蔑一笑，言道：“我左道吗？那给我加冠好啦！”然后穿上旧日的官服，以讥讽这些“卫道者”。

天下兴亡，匹夫有责

“天下兴亡，匹夫有责”——这句掷地有声的话，出自清朝初年的著名儒者顾炎武之口。顾炎武认为，民族的安危存亡，是每一个人的责任，而不仅仅只是某些特定人群的责任。

当时，明朝灭亡，清朝初建。顾炎武认为，如果明朝灭亡，只是换一个皇帝继续统治，而原先的生活方式和统治思想都不变，那么这就叫“亡国”；但如果清朝不只是换一个皇帝，而是要连原先的生活方式和统治思想都改变，那么这就是“亡天下”了。

顾炎武提出的观点，将天下与国家分开看待，号召人们为民族存亡而斗争，而不是为某个皇室的兴亡而斗争，这在中国社会思想上是具有重要的进步意义的。他的思想后来便被概括为这八个千古流芳的字——“天下兴亡，匹夫有责”。

在中国近代史上，中华民族曾不止一次遭受帝国主义的侵略，陷入生死存亡的危机，每当这个时候，正是这句口号激励着千千万万的中国人奋起反抗。

立志遍读天下书

顾炎武是个特别喜欢读书的人，从小到老手里都不曾放下过书。

他10岁就跟随祖父习读《资治通鉴》，这是司马光所编著的一部历史巨著，全书共294卷，很少有人能真正从头到尾地将它读完。

在读《资治通鉴》之前，顾炎武就先给自己定好了计划，规定好每天必须读完的卷数，而且要求自己将读的内容抄写一遍，然后再背诵下来。花费了三年时间，顾炎武按照计划读完了《资治通鉴》，理解了整本书的意思，而且还把书完整地抄写了一遍。

那时候，一般的读书人都以入仕做官为目标。但顾炎武却不在意这些，而是一味努力地去钻研实用性的学问。他一边发奋读书，一边四处奔走，搜集一切有关于农田、水利、交通、矿产等方面的书籍，并仔细阅读，背诵自己认为重要的知识点。

按照顾炎武的计划，每年春秋两季，都是他温习前半年来读过的书籍的时段。温习的时候，他会在面前放一本书，然后让别人拿着另一本在一旁朗读，自己则闭目静坐，默默背诵。若别人朗读的内容和自己在心中背诵的内容不同，就赶紧睁眼，翻书确认。他还给自己定下规矩，每天温书不得少于200页。

就这样，顾炎武坚持了20多年，勤奋地读了20多年的书。在顾炎武45岁的时候，他已经顺利将各州、各府、各县的地方志和朝廷大臣共12000卷的奏疏文集都读完了，还读了二十一史和各朝的实录，其总数多达几万卷。

▲ 顾炎武画像

因为顾炎武在家乡再也找不着他没读过的书了，于是便立志要周游天下，遍寻书籍。在开始游历之前，他的好友万寿祺、归庄等21人，还特意为他写了一篇启事，请求但凡是有藏书的人家，都能同意将书借给顾炎武阅读一下。

后来，顾炎武将自己所学的知识和实地考察研究的成果综合起来，写成了《京东考古录》和《昌平山水记》等书。由于他知识渊博，在天文、历算、历史、地理、音韵、金石、考古等方面都有所成就，故而成了当时最有名望的学者。

▲ 顾炎武故居

王夫之的墓志铭

“抱刘越石之孤愤而命无从致，希张横渠之正学而力不能企，幸全归于兹丘，固衔恤以永世。”——这是明末清初时期，著名的思想家王夫之在病危之际，亲手为自己写下的墓志铭。

王夫之，字而农，号姜斋，又号夕堂，与顾炎武和黄宗羲并称明清之际三大思想家。王夫之这一生最仰慕的人，是东晋时期的刘琨和北宋的张载。在政治上，王夫之一直以刘琨为榜样；在学术思想上，王夫之则推崇奉行唯物主义哲学的张载。

王夫之是个非常博学多才的人，对天文、历法、数学、地理学都有研究，尤其精通经学、史学、哲学和佛学，在学术方面成绩斐然。此外，他总结并发展了我国传统的唯物主义，提出“尽天地之间，无不是气，即无不是理”的命题，进一步得出“自然界、社会一切事物都是以物质变化为基础的有规律运动”这一结论，并留下了许多重要的哲学著作，是我国封建社会唯物主义的集大成者。

▲ 王夫之画像

王夫之一生著述颇多，但在晚年时，多半都赠送于人了，并且自己也不曾留下底稿。因此，他在生前声名不显，死后很长一段时间也默默无闻。也正是因为如此，在病危之际，王夫之才会为自己写下这样的墓志铭。

难得糊涂，吃亏是福

说起郑板桥先生，就会想起他流传至今的两幅名字——“难得糊涂”和“吃亏是福”。

郑板桥是清代著名的画家、文学家，其诗书画被世人誉为“三绝”。在创作时，他能将诗、书、画三者巧妙结合，使其相辅相成，达到一种全新的艺术境界。他还是一位令人尊敬的清官，最后因为民请命而被罢黜，回乡后便以书画安度晚年。

郑板桥的一生虽活得较为坎坷，但无论何时，他都能以积极乐观的态度面对。就连他因为灾民请命得罪上司，被罢免官职时，他也不曾忧郁沮丧，而是骑着毛驴悠然回乡。

众所周知，郑板桥和其才华同样出名的，是他的长寿秘诀和养生之术，而这其中，最关键的一点其实就是——不以物喜，不以己悲。

郑板桥这一生为人处世，从来不计得失，淡泊名利。他的人生态度，正如他所写的那两条最为著名、流传至今的字幅——“难得糊涂”“吃亏是福”。

▲ 郑板桥画像

第七辑

近代：碰撞、转型

九州生气恃风雷

清朝末年，著名思想家、文学家龚自珍已经敏感地意识到了危机，他知道，如今世道看似还没有乱，但实际上大乱早已在酝酿。

皇帝昏庸，无力、无志、无明、无才，只懂得固守祖传的“不可破之例”；大臣无能，对皇帝只会“朝见长跪，夕见长跪”，自己则只懂车马服饰，言辞律诗。朝堂上下，都只想着如何熬资格、保禄位、顾儿孙，却从不知为政的大体；地方上，官员办事全靠刑名师爷，刑名师爷则利用手中职权，上下结成一张大网，“析四民而五，附九流而十”。还有读书人，除了会作八股文之外，简直一无是处，除想着中举做官之外，更是别无所事。

在这样一个没有希望与未来的时代，唯一的出路只有——变！然而，朝廷是不会自己去变的，清王朝也不会自动完成改革。那怎么办呢？龚自珍将希望寄托在了所谓的“山中之民”身上。他相信，总有一天，“山中之民有大声音起，天地为之钟鼓，神人为之波涛矣”。

满怀着这样的希望，龚自珍写下一首气势磅礴、满含革命思想的短诗：

九州生气恃风雷，

万马齐喑究可哀。

我劝天公重抖擞，
不拘一格降人材。

晚年时，龚自珍在江苏丹阳云阳书院、杭州紫阳书院讲学，一直十分关心国家的命运。鸦片战争爆发后的第二年，他还曾给江苏巡抚梁章钜去过信，想要与之共商抗英大计。可惜，事未竟，他便已经离世了。

51岁的进士——魏源

魏源，原名远达，字默深，湖南邵阳人。他的父亲魏邦鲁曾做过主簿之类的小官，后来，在魏源10岁的时候，他的家乡发生严重灾荒，当时魏父正在江苏，无法照顾他们，那段时间，魏源的日子过得极为艰苦。可即便是在这样的情况下，魏源也始终坚持看书学习，并尤为喜爱历史书籍，虽然这并不是科举考试的范围。

在仕途上，魏源的运气不是很好。一方面，他看不起儒家的繁文缛节；另一方面，他的思想与传统的文人官僚思想有着根本上的差异。因此，在29岁中举之后，魏源的好运就仿佛用光了一般，屡次考进士都没考上。一直到51岁，才勉勉强强中了个三榜的19名。

▲ 魏源画像

中进士之后，魏源先后在扬州、高邮等地做过知县和知州。后来，他结识了好友龚自珍，二人都对当时的陈腐文风嗤之以鼻，不愿意再作儒家思想的书，而是准备放开思路去研究“经世致用”的真学问，以期能寻到改革图强之路。

魏源这一生目睹并亲身参与了近代中国的剧烈变革，为挽救国家危亡、实现国家富强而倾注了满腔的心血和热忱。当时，为救国富国，他提出了“师夷之长技以制夷”的著名思想，在中华民族漫长的黑夜中点燃了一盏明灯，哪怕光亮有限，却也能照耀黑夜。

在魏源32岁时，他应江苏布政使贺长龄之邀，用了整整一年，编写了《皇朝经世文编》。此书共120卷，涉及政治、经济等方方面面的内容。为了完成这部书的编写，魏源收集了很多与社会经济相关的资料，并以经世致用为指导思想。该书面世之后，在当时引起了极大反响，凡是关心国事的官员，几乎人手一本，并都对其赞叹不已。

鸦片战争爆发以后，魏源将注意力从改革内政转移到抵御外敌上，他从扬州直接赶往浙江前线，准备直接参与抗敌战争。然而，魏源不曾预料到的是，虎门销烟的英雄林则徐被朝廷撤职，充军新疆，而琦善之流的卖国贼人却反被重用，高居朝堂。

收到消息后，魏源亲自赶到镇江，为路过的林则徐送行。

上战场的打算破产之后，魏源再次把精力投到了编写著作上，他先后写下了《圣武记》和《海国图志》，试图以此来激励国人发愤图强，与列强战斗到底，保家卫国。

1853年，南京被太平天国攻陷之后，魏源和曾国藩一样，正在地方筹办团练的事，准备加入镇压太平天国的大军。但后来，因遭人诬陷说他耽误了情报的传送，魏源不幸被免职。次年，职务刚恢复不久，魏源就主动以“世乱多故，无心仕宦”为由，辞职回乡了。

在人生最后的阶段，或许是已经对这个国家、这个朝廷失去了信心，魏源一直住在杭州的寺庙中研究佛法，不见任何人。64岁时，魏源于杭州去世。

经世致用的哲学

“经世致用”是魏源所主张的哲学思想。

魏源认为，“行”才是知识的真正来源，只有从“行”中，人们才能真正得到有用的知识，而不是只抱着书本“啃”。对此，他有个特别形象的比喻：“披（即阅读）五岳之图以为知山，不如樵夫之一足；谈沧溟之广以为知海，不如估客（指海外贸易商人）之一瞥；疏（即注释）八珍之谱（名贵菜谱）以为知味，不如庖丁之一啜（品尝）。”

魏源非常重视实际的调查研究。当他收到消息，得知英国人在新加坡设立了教授汉语汉文的英华书院时，便联想到中国竟没有任何一处设立这种帮助国人了解外国事务的地方，对此，魏源感到十分忧虑，从而萌生了编写《海国图志》的想法。

《海国图志》是以林则徐主持编写的《四洲志》为基础编撰的，在各方朋友的支持下，他仅仅花费半年时间，就完成了50卷的《海国图志》，之后又花费四年时间增增补补，将此书精心扩充到了60卷。到1852年，《海国图志》成书100卷。这是近代中国第一部由国人自己编写的介绍世界各国国情的著作，而且在书中，魏源还重点介绍了自己抵抗侵略、民族自强的重要思想。

魏源认为，想要强大，就要学习别人的先进技术。但人的作用却是更重要的，如果没有合适的人去使用，去指挥，那么再好的武器也发挥不了好的效用。就如他在《海国图志·筹海篇三》的结尾所写的：“在得人而已！在得人而已！”

《天朝田亩制度》

《天朝田亩制度》可以说是农业社会主义的理想宏图，它提出，要将土地好坏平均搭配，分为九等，然后以户为单位，不分男女老幼，只按人口进行均分。16岁以上者分一份，15岁以下者分半份。

在当时，《天朝田亩制度》中的反封建精神，鼓舞着千百万的农民。其规定的具体内容，也在一定程度上减轻了农民的负担，提升了农民的生产积极性，有的地区甚至出现了“谷物丰收”“农安物阜”的繁荣景象。

然而，想要在个体劳动、分散经营、农业与手工业相结合的小农经济基础上实现财物的平均分配，完全是一种空想。尽管那时候，《天朝田亩制度》受到了广大农民的欢迎，迎合了农民对土地的渴望，但由于时代与阶级的限制，它注定只能成为一种乌托邦式的空想。

最终，轰轰烈烈的太平天国运动在坚持了长达18年的斗争之后，被中外反动势力联合绞杀了。

中国，非变法不可

光绪二十三年（1897），德国强占山东胶州湾，眼看着帝国主义对中国的瓜分越来越严重，许多有识之士开始发出呐喊，希望朝廷能通过变法来挽救国家危亡。著名的思想家、教育家、资产阶级改良主义的代表人物康有为就是其中之一。

康有为曾多次上书光绪皇帝，希望他能支持变法，以挽救国家危亡，但因为朝廷大臣的阻碍，这些建议并未送到光绪皇帝手中。无奈之下，康有为只得在民间积极行动，四处宣讲自己的变法思想，相继结成了“粤学会”“知耻会”等组织。在这种社会风气的影响下，全国纷纷开始成立学会、学堂、报馆，维新变法进入高潮。

▲ 康有为画像

光绪二十四年（1898）正月初三，康有为终于如愿受到光绪皇帝的召见。他进呈了《统筹全局折》，提出中国在此前形势之下，非变法不可，“能变则全，不变则亡，全变则强，小变仍亡”，并恳请光绪皇帝学习日本明治维新的经验，着手变法。

同年四月二十三日，光绪皇帝颁发“定国是诏”，拉开了变法的帷幕，并任命康有为“总理衙门章京上行走”。随后，光绪皇帝又先后提拔内阁侍读杨锐、刑部候补主事刘光第、内阁候补中书林旭、江苏候补知府谭嗣同等四人为军机章京。

此后100天里，康有为接连上了30余道奏议，提出在不改变现行帝制条件下发展资本主义的纲领。然而最终，这场维新运动仅仅持续了百日有余就宣告破产了，史称“百日维新”。

我自横刀向天笑

光绪皇帝接受康有为的变法建议后，谭嗣同也很快被举荐入朝，并于1898年六月受到了光绪皇帝的召见，之后被破格提拔为四品军机章京（相当于军机大臣助理），与杨锐、林旭、刘光第等人共同成了推行新政的班底，号称“军机四卿”。

参与变法的谭嗣同满腔热血，天真地以为依靠皇帝的几道诏令，就能实现国家的改革。然而，现实比想象要残酷得多，他上任还不到10天，顽固派对维新派的镇压阴谋就显露出来了。

七月二十九日，光绪皇帝召见了杨锐，并密赐“衣带诏”给他说：“如今朕皇位危险，令康有为与四卿设法救助。”然而，康有为和谭嗣同等人却无可奈何，只得捧诏痛哭。

▲ 谭嗣同雕像

当时，维新派手中并无实权，于是萌生出拉拢新军将领袁世凯的想法。光绪皇帝同意了这一策略，并两次接见袁世凯，升任他为侍郎。

谭嗣同推己及人，以为袁世凯刚刚受了皇恩，必然也会爱戴皇上。然而事实上，袁世凯并不像谭嗣同这样天真。很快，谭嗣同就因被袁世凯出卖而被捕入狱。在狱中，谭嗣同在墙上题下一首诗：

望门投止思张俭，
忍死须臾待杜根。
我自横刀向天笑，
去留肝胆两昆仑。

诗中提到的张俭和杜根都是汉朝人，因为反对太后而被杀。谭嗣同认为，自己与他们其实是一样的，为了心中的抱负，哪怕面对死亡，也依然能够“横刀向天笑”，只希望自己的同志们能继续坚持理想，如昆仑山那般屹立不倒。

八月十三日（9月28日），谭嗣同等“六君子”被押送到菜市口斩首示众。临刑之际，谭嗣同高声吟道：“有心杀贼，无力回天，死得其所，快哉快哉！”随后慷慨就义，享年34岁。

物竞天择

“物竞天择，适者生存”——这句话出自严复所译著的《天演论》一书，这也是严复一生最负盛名的作品。

1854年，严复出生在一个乡医之家，他14岁就考入当时洋务派兴办的福州船政学堂。当时，学堂中教授的是英语和数、理、化、地质、天文、航海等科学技术知识，和旧式私塾截然不同。毕业之后，严复在军舰上实习，先后到过新加坡和日本等地。近代科学知识的学习和远航生活，让严复大大开阔了眼界，也为他后来接受西方的社会政治学说打下了坚实的基础。

1877年，严复被派往英国皇家海军学院学习。他在英国待了两年，并在此期间初步形成了资产阶级民主主义思想。回国后，他先在福州船政学堂任教，后被调任天津北洋水师学堂总教习，之后又升任总办。那时候，严复年仅38岁，仕途一片坦荡。

▲ 严复画像

仕途上的得意并未让严复放松自己，反而让他心中更加沉重。他曾向人直言：“若是再这样下去，那么用不了30年，列强就会将中国吞灭殆尽的。”

中日战争爆发后，严复意识到民族危机越来越严重，必须向全国有识之士敲响警钟。于是，他接连在天津《直报》上发表了一系列行文犀利、立论深刻的政论文章，抨击封建顽固派的谬论，戳穿洋务派的妄想，并提出“鼓民力”“开民智”“新民德”的资产阶级改良主义主张。

后来，他译著了《天演论》一书，希望能够通过进化论的“物竞天择，适者生存”这一基本原理，来打醒顽固派与洋务派不切实际的“保皇”思想。严复认为，其实国家的存亡，同自然界的竞争一样，想要长久存续下去，就得“与天争胜”，发愤自强。

在那个时代，严复的这一观点对当时的思想界来说，是有非常积极的启蒙作用的。

孙中山思想举隅

新三民主义

对于新三民主义，孙中山先生是这样解释的：“民族主义是对外国人争平等的，不许外国人欺负中国人；民权主义是对本国人争平等的，不许有军阀官僚的特别阶级，要全国男女的政治地位，都是一律的平等；民生主义是对于贫富争平等的，不许全国男女有大富人和大穷人的分别，要人人都能够做事，人人都有饭吃。”

在新三民主义中，民族主义与旧三民主义相比，提出了更具体的反帝斗争要求，进一步认清了国内反动势力和帝国主义的本质及联系，及其对中国革命所造成的危害。简单来说，民族主义的内容演变成了：排满兴汉；反满贵族；明确反帝斗争。

而新三民主义中的民权主义则强调了国家政权为“一般平民所共有”，强调了其群众性、人民性。像这样把资产阶级民权政治与反帝民族主义斗争相结合，可以说是巨大的飞跃与进步。

新三民主义中的民生主义，最重要的原则有两点：一是平均地权；二是节制资本。对此，还提出了新的方针，即“农民之缺乏土地沦为佃户者，国家当给以土地，资其耕作”，即“耕者有其田”，这是对封建剥削的彻底反对。

“节制资本”“凡本国人及外国人之企业或有独占的实质，或规模过大，为私人之力所不能办者，如银行、铁路、航路之属，由国家经营管理之，使私有资本制度不能操纵国民之生计”“工人之失业者，国家当为之谋救济之道，尤当为之制定劳工法，以改良工人生活”，这些都是新三民主义中的内容。

行易知难

虽然孙中山领导革命成功推翻了封建帝制，但军阀混战却紧接而至。一开始，他想通过革命来拯救百姓于水火，可如今，却是将人民推入了又一个深渊，这与革命的初衷完全不符。造成这一切的原因，究竟是什么呢？

在经历了倒袁、护法、北伐斗争等一系列挫折之后，孙中山终于醒悟过来：“一切的失败与挫折，都是革命党人信仰不笃、思想错误、松懈斗志的结果啊！”错误的根源，正是“知易行难”的传统观念。

殷商时代的贤相傅说曾说过：“知之非艰，行之惟艰。”数千年来，这一说法一直流传了下来，在中国人心中根深蒂固，就连孙中山的“建设计划，一一皆为此说所打消”。在这样的情况下，孙中山着手写了一部《心理建设》，在其中批判了“知易行难”的错误，并提出“行易知难”的学说。

孙中山认为：“行在知前，不知能行。”就好比吃饭在前，研究营养学在后；花钱在前，研究经济原理在后；造房子在前，形成建筑学在后；作文在前，形成系统的写法与文理在后……世间一切，均是先有了事实，然后再发现其性质的。故而，他还说道：“以知进行，能知必能行，有志者事竟成。”

“诂经精舍”的高才生

在风景幽雅的西湖孤山，美丽的西子湖畔，有一间名为“诂经精舍”的书院。它在清代曾盛极一时，许多著名学者，诸如阮元、王昶、孙星衍等，都曾在此讲过学。民主革命家章太炎与此地更是有着不解之缘。

光绪十六年（1890），因父亲去世，22岁的章太炎离开家乡来到杭州求学。章太炎的外叔祖朱洁泉家就住在杭州城小塔儿巷，求学期间，章太炎便借住在了外叔祖家。

当时，主持诂经精舍的，是著名经学大师俞樾，每天慕名前来求见他的人很多，只有通过他考问之人才能留下。当时，章太炎也慕名前去拜访俞樾，经过多方努力、严格考问之后，才终于如愿成了俞樾的正式弟子。

章太炎在诂经精舍学习了七个春秋，这段学习经历为章太炎打下了受益一生的学问事业基础。在前来求学之前，章太炎也曾受过外祖父的严格教导，但那时年纪毕竟小了些，做学问的功夫也很浅，加之性子急，缺乏钻研精神，故而在治经方面仅能做到“通训诂，知典礼”。直到拜俞樾为师，在他严格的教导之下，章太炎才逐渐明白，什么是做学问的真功夫。

从此之后，章太炎以小学（文字学）为门径，以汉学为根基，踏踏实实地投入到做学问之中，深得师道，越来越受俞樾的喜爱与器重。

我本来是满天飞

在《驳康有为论革命书》中，章太炎直斥光绪皇帝，说他如同小丑一般，愚蠢，没有常识，连菽、麦也分辨不清。行文犀利如刀，言辞之间满是蔑视。此文一出，顿时引起轰动，毕竟在当时，敢于公然反对并挑衅皇帝，确实是件了不起的事。

当时，清政府方面聘请了英国律师古柏·哈托华作为代表，控告章太炎等人“大逆不道，煽惑乱党，谋为不轨”罪。

审讯当天，章太炎长发垂肩，身着汉服，昂首阔步地走上法庭，对此次审讯表现得非常蔑视。他抑扬顿挫地开口讥讽道：“噫嘻！彼自称为中国政府，以中国政府控告罪人，不在他国法院，而在己所管辖最小之新衙，真千古笑柄矣！”

听到章太炎的话，一名承审员问道：“章太炎，你是哪一科的？”

▲ 章太炎画像

章太炎狡黠一笑，诙谐地答道：“问我是哪一窠（科）的？倒问得奇怪，我本来是满天飞，哪有什么窠呢？”这番话一出，全场哄堂大笑。

承审员又问：“章太炎，你可知你书中的‘载湉小丑’四字，触犯了清帝的‘圣讳’？”

章太炎笑道：“我只知道载湉是满

清人，不知道所谓的‘圣讳’，而且西律是不避的，故而直书。至于‘小丑’二字，‘丑’本作类字，或作小孩解，小丑也就是小东西，并不毁谤。”

承审员无言以对，只得宣布暂停审讯。

大胆地假设，小心地求证

《新思潮的意义》一文是胡适于1919年发表的，文中对新文化运动提出了一种新的评判态度，并阐述了评判的基本要求：

第一，对于习俗相传下来的制度风俗，要问：这种制度现在还有存在的价值吗？

第二，对于古代遗传下来的圣贤教训，要问：这句话在今日还正确吗？

第三，对于社会上糊涂公认的行为与信仰，都要问：大家公认的，就不会错了吗？人家这样做，我也该这样做吗？难道没有别样做法比这样更好，更有理，更有益吗？

胡适一直都是秉承这一态度去对待中国传统文化的，所以对这些问题，他向来都有相对稳定的出发点和较为清醒、客观的认识，尤其是对“国故”较为熟悉，故而人们也更容易接受他的思想和主张：“在消极一方面是反对盲从，是反对调和。在积极一方面，是用科学的方法来做整理的功夫。”

那么，要如何整理国故呢？在《新思潮的意义》中，他提出了一套科学的方法：

1. 条理系统的整理；

2. 寻出每种学术思想发出的前后因果；

3. 用科学的方法做精确的考证，弄明白古人的意义；

4. 综合前三步的研究，“各家都还他一个本来真面目，各家都还他一个真价值”。

其后，在《〈国学季刊〉发刊宣言》中，胡适又在此基础上归纳了三条方法：

1. 用历史的眼光来扩大国学研究的范围；

2. 用系统的整理来部勒国学研究的资料；

3. 用比较的研究来帮助国学材料的整理与解释。

这些方法归纳起来可以用10个字概括：大胆地假设，小心地求证。

胡适所归纳的方法为现代知识分子提供了一个新的思维模式，致使一批知识分子开始狂热地“整理国故”，而这自然是有利也有弊的。

在这方面，胡适本人一直身体力行，取得了卓著的功绩，尤其是在古典文学的考证和《白话文学史》的写作方面。他用现代科学、史学及文学的观念与方法，让《水浒传》《三国演义》《西游记》《红楼梦》《聊斋志异》《儒林外史》《镜花缘》等大批古典文学名著，重新焕发了生机。此外，胡适对《红楼梦》的研究还开启了一代“新红学”之风。

现代新儒学

现代新儒学主要指“五四运动”之后产生的一股文化保守主义学术思潮。其较为典型的代表人物有梁漱溟、熊十力、冯友兰、贺麟等人。他们在西方文化的冲击下，在“五四运动”的激励下，在吸收西方科学与民主的同时，试图在中国建设“三统并建”的现代文化，希望儒家思想能再次迎来新的发展。

1949年年初，马克思主义成为中国社会的新指导思想。之前提到的新儒学代表人物都因种种原因留在大陆，而他们的许多弟子则都转移到了台湾和香港。

自学说建立以来，新儒学在大陆沉寂了30余年，然后在20世纪80年代时再次兴起，引起了大学生们的重视。美国哈佛大学教授杜维明是第三代新儒家传人，1985年，他学成归来后，在北京大学讲学访问长达半年，后应邀参加了各类学术会议。在接受记者访问时，杜维明一直积极宣传儒学在现代社会的价值。

1986年3月，方克立在国家教委召开的文科科研咨询会上，做了关于“要重视对现代新儒家的研究”的专题发言。在发言中，他强调了新儒学研究对中国现代思想史的研究意义，以及对当代中国文化讨论或中国现代化道路现实抉择的意义。

与此同时，一直力主反传统的包遵信也在《北京社会科学》1986年第5期发表了《儒家思想和现代化》一文，而现代新儒家的第三代传人、香港中文大学教授刘述先也在台湾东吴大学《传习录》同年第5期发表了《当代新儒家的探索》一文。

虽然这三位皆有各自不同的立场与学术背景，但在此事上却基本达成了一致，都强调了开展对现代新儒学研究的重要意义。

同年年底，国家教委正式将方克立主持的“现代新儒家思潮研究”课题列为国家哲学社会科学“七五”规划重点科研项目。翌年，该课题组正式投入研究工作。

1987年，该课题组在安徽主持召开了全国首次现代新儒家思潮学术研讨会；1989年，该课题组在天津主持召开了“现代新儒家学案”研讨会，进一步推动了对新儒学的研究。

众所周知，儒家思想在中国历史上有着非常特殊的地位，故而，传统与现代化的关系问题很自然就会被归结到儒家思想与现代化的关系问题上，从这个方面来看，现代新儒学的研究受到重视，就是非常自然的事情了。